Arnt Cobbers

Berlin, Hauptstadt der DDR

Spurensuche heute:
Orte, Bauten und Ereignisse
1949–1990

Jaron Verlag

Vordere Umschlagseite: Palast der Republik, Fernsehturm und Dom, um 1980
Vordere Umschlagseite innen: Glasfenster im Staatsratsgebäude
Seite 4: Weltzeituhr am Alexanderplatz
Seite 33: Die Allee „Unter den Linden", 1987
Hintere Umschlagseite: Alexanderplatz

Dieses Buch entstand in Zusammenarbeit mit

DDR museum

Originalausgabe
1. Auflage 2013

www.jaron-verlag.de
Karte: Matthias Frach, Berlin
Umschlaggestaltung: Bauer + Möhring, Berlin, unter Verwendung eines Fotos der bpk – Bildagentur für Kunst, Kultur und Geschichte/Gerhard Kiesling und eines Fotos von Günter Schneider
Satz und Layout: Prill Partners | producing, Barcelona
Lithographie: Bild1Druck GmbH, Berlin
Druck und Bindung: AZ Druck und Datentechnik GmbH, Berlin

ISBN 978-3-89773-713-6

Inhalt

MURMANSK
ST. PETERSBURG
MOSKAU
NISCHNIJ
NOWGOROD
WOLGOGRAD
BAKU
TIFLIS
ERIWAN
JEKATERINBURG
ASCHGABAT
BISCHKEK
DUSCHANBE
OMSK
ALMATY
TASCHKENT
NOWOSIBIRSK
KRASNOJARSK
8
9
10
11
12
13
TEHERAN +30
BAGDAD
ADEN
SANAA
ADDIS ABEBA
MOGADISCHU
DARESSALAM
ANTANANARIVO
KUWAIT
KABUL +30
MAURITIUS
NEW DELHI +30
KARACHI
COLOMBO +30
RANGUN +30
DHAKA
HANOI
BANGKOK
PHNOM PENH
JAKARTA

Berlin, Hauptstadt der DDR

„Berlin ist eine Stadt mit einer großen Perspektive, in der sich der Sinn des Sozialismus, alles zu tun für die Interessen der Arbeiterklasse und für das Wohl des Volkes, durch die Verwirklichung des Programms der Sozialistischen Einheitspartei Deutschlands täglich im Leben zeigt."

35 Jahre alt ist dieses Zitat aus einem Ost-Berliner Stadtführer – seitdem hat sich die Welt rasant gewandelt. Wer vor 1989 zum letzten Mal in Berlin war, erkennt die Stadt kaum wieder. Vor allem das Bild der Osthälfte Berlins hat sich verändert. Das betrifft nicht nur die Kleidung der Passanten nicht nur die Autos, die Straßenbahnen, die Schaufenster und die Werbung, die die einst allgegenwärtigen Banner und Losungen an den Häusern abgelöst hat – auch viele Gebäude vor allem der 1960er bis 1980er Jahre wurden abgerissen oder durch neue Fassaden unkenntlich gemacht. Viel DDR ist aus dem Stadtbild verschwunden.

Und doch, wer offenen Auges durch die Stadt geht, bemerkt fast auf Schritt und Tritt die Spuren des untergegangenen Ersten deutschen Arbeiter- und Bauernstaates. Seien es die Plattenbauten, seien es Details an Altbauten, die bei genauerem Hinsehen deren Sanierung oder Rekonstruktion zur DDR-Zeit offenbaren, seien es Parkanlagen, Denkmale oder die typischen Peitschenmastlaternen mit Betonmasten. Willkommene Hinterlassenschaften der DDR sind Dinge wie der Ampelmann oder der grüne Pfeil, selbstverständliche Erbstücke Straßennamen wie Rosa-Luxemburg-Platz oder Mollstraße, Almstadtstraße oder Franz-Mehring-Platz, während andere Namensgeber wie Lenin und Ho Chi Minh, Wilhelm Pieck und Hermann Matern längst aus den Stadtplänen verschwunden sind.

Diese Spurensuche beschränkt sich auf die prominenten und historisch bedeutenden Orte im Osten Berlins oder solche, die noch deutliches „DDR-Flair" erspüren lassen. Die Stätten im Altbezirk Mitte sind zu drei Spaziergängen zusammengefasst, die übrigen Bezirke zu den drei Kapiteln „Der Nordosten", „Der Osten" und „Der Südosten".

Im Übrigen war die „Hauptstadt der DDR" ein Konstrukt des Kalten Krieges. Weder für die westlichen Siegermächte noch für die Bundesrepublik Deutschland, die dem Ziel der deutschen Wiedervereinigung verpflichtet war, war Ost-Berlin ein integraler Bestandteil der DDR. Vielmehr hielten die Westmächte am Viermächtestatus des gesamten Berlin fest. Der DDR-Führung hingegen ging es darum, die Teilung Deutschlands und Berlins zu festigen, und erklärte deshalb „ihre" Stadthälfte zur „Hauptstadt der DDR", während sie suggerierte, die westliche Hälfte sei eine eigenständige Stadt („Westberlin"). Doch dieser Streit um Namen hat sich glücklicherweise vor über zwei Jahrzehnten selbst erledigt …

MITTE

Regierungsviertel – Unter den Linden – Brandenburger Tor

Palast der Republik

Abgerissen, Schloßplatz

Der Fernsehturm war das sichtbarste Symbol der Hauptstadt der DDR, der Palast der Republik das Aushängeschild des gesamten Staates. Ein frei zugängliches Haus fürs Volk, in dem den wahrlich nicht verwöhnten Werktätigen einiges an Unterhaltung und Freizeitmöglichkeiten geboten wurde. Hier gab es Restaurants, Bars und „Espressos", Wein- und Bierstuben, einen Jugendtreff, Ausstellungen, die beliebten Bowlingbahnen und sogar ein festes „Theater im Palast". Auch ein Buch- und Zeitschriftenstand sowie Verkaufsstellen für Souvenirs und „kunstgewerbliche Erzeugnisse" fehlten nicht. Im mit allen technischen Finessen ausgestatteten Kongresssaal fanden Fernsehshows und Konzerte mit bis zu 5000 Besuchern statt. DDR-Bürger und West-Besucher flanierten durch die Foyers, bewunderten die Lampeninstallationen und die „Gläserne Blume" im Hauptfoyer, diskutierten angeregt über die 300 von DDR-Künstlern geschaffenen Kunstwerke oder betrachteten durch die raumhohen Fenster aus sonnenreflektierendem Thermoglas die baulichen Errungenschaften der DDR-Architektur im Zentrum Berlins. „Mit seiner Schönheit und vollendeten Zweckmäßigkeit legt er Zeugnis ab für die technische und künstlerische Leistungsfähigkeit unseres Landes", lautete das offizielle Eigenlob. In der Tat bildete der Palast der Republik ein positives Identifikationsobjekt wie kaum ein zweiter Bau in der DDR.

Plenum des XI. SED-Parteitags, 1986

Der Palast war aber auch Tagungsstätte der Volkskammer, des DDR-Parlaments, das weder frei noch geheim gewählt war, und Rededuelle, wechselnde Mehrheiten oder Abstimmungen mit ungewissem Ausgang gab es schon gar nicht. Die 500 Abgeordneten kamen nur zwei- bis viermal pro Jahr im Sitzungssaal vis-à-vis dem Dom zusammen.

Dass das zentrale Gebäude der Hauptstadt erst 1976 (nach „knapp tausend Tagen Bauzeit") eingeweiht werden konnte, hatte wirtschaftliche und stadtplanerische Gründe. 1950 hatte eine hochrangige Delegation Ost-Berliner Stadtplaner Moskau besucht und nach ihrer Rückkehr 16 „Grundsätze des Städtebaus" formuliert. Im sechsten davon hieß es: „Das Zentrum ist der politische Mittelpunkt für das Leben seiner Bevölkerung. Auf den Plätzen im Stadtzentrum finden die politischen Demonstrationen, die Aufmärsche und die Volksfeiern an Festtagen statt. Das Zentrum wird mit den wichtigsten und monumentalsten Gebäuden bebaut, beherrscht die architektonische Komposition des Stadtplans und bestimmt die architektonische Silhouette der Stadt." Als Stadtkrone war ein Hochhaus für Parlament und Regierung am Ostufer der Spree geplant, auf der Spreeinsel sollte „ein idealer Ort für fließende und stehende Demonstrationen" mit bis zu 350 000 Menschen entstehen. Dafür wollte man das kriegsbeschädigte Stadtschloss sprengen.

Foyer in „Erichs Lampenladen", 1984

Zunächst kam es auch so: Am 1. Mai 1951 konnte der neue Marx-Engels-Platz mit einer „machtvollen Kundgebung" eingeweiht werden. Staats- und Parteiführung saßen auf einer Tribüne längs der Spree und erfreuten sich an den Massen, die „die Gemeinsamkeit des Willens und das unzerstörbare Vertrauensverhältnis zwischen allen Schichten der Bevölkerung der Arbeiterklasse und der Regierung manifestierten". Die Gestalt des zentralen Regierungsgebäudes aber blieb umstritten – bis ein Hochhausbau nicht mehr in die Zeit passte. Ein letzter „Höhepunkt in

Der Palast der Republik von Westen, 1983

Die obersten politischen Gremien der DDR

„Die Deutsche Demokratische Republik ist ein sozialistischer Staat der Arbeiter und Bauern. Sie ist die politische Organisation der Werktätigen in Stadt und Land unter der Führung der Arbeiterklasse und ihrer marxistisch-leninistischen Partei." Bereits Artikel 1 der DDR-Verfassung (hier in der letzten Fassung von 1974) schrieb die Führungsrolle der Sozialistischen Einheitspartei Deutschlands fest. Wobei „Einheit" den 1946 erfolgten Zusammenschluss von KPD und SPD-Ost meinte, nicht den Anspruch, die einzige Partei im Land zu sein. Schließlich gab es noch vier „Blockparteien", die aber keine eigenständige Politik betreiben durften. Gemeinsam mit den Massenorganisationen wie dem Freien Deutschen Gewerkschaftsbund und zahlreichen weiteren Verbänden wie dem Demokratischen Frauenbund, der Vereinigung der gegenseitigen Bauernhilfe oder dem Deutschen Roten Kreuz bildeten sie die Nationale Front. Deren oberstes Gremium, der Nationalrat, stellte alle vier oder fünf Jahre eine Einheitsliste mit (ab 1963) 500 Kandidaten auf, die en bloc in die Volkskammer gewählt wurden.

Das Parlament war zwar laut Verfassung das „oberste staatliche Machtorgan der DDR", trat aber nur zwei- bis viermal pro Jahr zusammen, um Gesetze zu verabschieden. Die eigentlichen politischen Entscheidungen fielen in den Führungsgremien der SED und wurden dann zur Umsetzung an den Ministerrat, die Regierung, weitergeleitet. Staatsoberhaupt war bis 1960 Wilhelm Pieck als Präsident, nach seinem Tod kollektiv der Staatsrat mit einem Vorsitzenden an der Spitze.

Mächtigster Mann im Staat war also weder der Staatschef noch der Regierungschef, sondern der Parteichef, wie die Ämter mit den langen Titeln in den westdeutschen Medien oft verkürzt genannt wurden. Erster Sekretär, ab 1976 Generalsekretär des Zentralkomitees der SED und Vorsitzender des Politbüros waren 1950 bis 1971 Walter Ulbricht, von 1971 bis Oktober 1989 Erich Honecker (Foto) und dann für sieben Wochen bis Dezember 1989 Egon Krenz.

der Geschichte des Platzes", so ein Ost-Berliner Touristen-Führer, „war die Abschlusskundgebung der X. Weltfestspiele der Jugend und Studenten am 5. August 1973. In derselben Nacht kamen die Bauleute und begannen, die große Baugrube auszuschachten."

Leider verbaute man im Palast der Republik viel Asbest. Dass die Fasern dieses Baustoffs Krebs erregen können, wusste man damals zwar schon, doch man nahm die Gefahren nicht wirklich ernst. 1990 dagegen galt Asbest als Teufelszeug, und als man in der Luft im Palast hohe Konzentrationen festgestellt hatte, wurde das Gebäude sofort geschlossen, später wurde es entkernt und schließlich 2006–08 abgerissen.

Staatsratsgebäude

ESMT European School of Management and Technology, Schloßplatz 1

Als Staatsoberhaupt der DDR fungierte ab 1960 der 22-köpfige Staatsrat. Der protokollarisch erste Mann im Staat war der Vorsitzende des Staatsrates: Walter Ulbricht bis 1973, Willi Stoph bis 1976, Erich Honecker bis 1989 und Ende 1989 für sieben Wochen Egon Krenz. 1964 bezog der Staatsrat das Gebäude am Marx-Engels-Platz, den ersten Neubau des geplanten Regierungsviertels und ersten Bau auf der riesigen Brache, die seit den Kriegszerstörungen und der Sprengung des Hohenzollernschlosses 1950/51 im Herzen Berlins klaffte.

Glasmalerei im Treppenhaus

Ein einziges positives Ereignis verband die DDR-Geschichtsschreibung mit der „feudalen Zwingburg der Hohenzollern": Auf dem Balkon des Schlossportals IV, gegenüber dem Alten Museum, hatte Karl Liebknecht am 9. November 1918 die „freie sozialistische Republik Deutschland" ausgerufen. Zum Zeichen, dass man in dieser Tradition stehe, wurde in die Hauptfassade des Staatsratsgebäudes eine Nachbildung jenes barocken Schlossportals eingefügt. Das Glasfenster im Treppenhaus zeigt Repräsentanten der DDR-Bevölkerung auf den Schultern der Revolutionäre von 1918: Wofür Liebknecht und Genos-

Staatsratsgebäude mit barockem Portal IV des Stadtschlosses

sen damals vergebens kämpften, sei in der DDR Wirklichkeit geworden, so die Symbolik. Der Aufgabe des Gebäudes angemessen, entstanden im ersten Obergeschoss ein Bankett- und ein Festsaal mit einem 40 Meter langen Porzellanfries zum Leben im Arbeiter- und Bauernstaat.

Vom Umzug der Bundesregierung von Bonn nach Berlin 1999 bis zur Fertigstellung des Kanzleramts im Spreebogen 2001 diente das Gebäude Bundeskanzler Gerhard Schröder und seinem rot-grünen Bundeskabinett als Sitz, heute wird der Bau von einer privaten Wirtschaftshochschule genutzt. Die oberen Räume sind nur auf einer Führung (einmal im Monat mit Voranmeldung: berlintour@esmt.org) zu besichtigen, aber schon die Eingangshalle macht dem einfachen Besucher die Nichtigkeit seiner eigenen Existenz deutlich.

Staatsratssitzung unter Honecker, 1981

Lohnend ist ein Spaziergang um das Staatsratsgebäude herum. Hier erhält man noch heute einen guten Eindruck von den städtebaulichen Qualitäten der realsozialistischen Ministerialarchitektur. Einen Blick wert ist auch der Eingangsbereich der Stadtbücherei aus den 1960er Jahren: 117 Stahltafeln zeigen, wie unterschiedlich man den Buchstaben A schreiben kann (Breite Straße 30–36).

Blick vom Bärenbrunnen auf das Staatsratsgebäude, 1965

SED-Zentrale (links) und Außenministerium am Spreekanal mit Jungfernbrücke, 1990

SED-Zentrale

Auswärtiges Amt, Am Werderschen Markt 1

Seit 1959 befand sich die Parteileitung der SED im ehemaligen Reichsbankgebäude, genauer gesagt im 1934–40 entstandenen Erweiterungsbau der Reichsbank, deren Altbau im Zweiten Weltkrieg zerstört wurde. Hier trat, zuletzt nur noch zweimal im Jahr, das oberste Gremium der Partei zusammen, das rund 200 Mitglieder und „Kandidaten" (ohne Stimmrecht) zählende Zentralkomitee. Die wirklichen Entscheidungen traf das Politbüro, das jeden Dienstag um 10 Uhr im Haus am Werderschen Markt tagte. Ihm gehörten anfangs knapp 10, später um die 20 Männer an – keine einzige Frau schaffte es in den 40 Jahren DDR in den engsten Führungszirkel. Allerdings waren unter den vier nicht stimmberechtigten „Kandidaten" 1989 zwei Frauen.

Jeden Mittwoch tagte das Sekretariat des Zentralkomitees, das waren die zuletzt zehn Sekretäre des ZKs, die die Partei-Abteilungen leiteten und gegenüber den Fachministern weisungsbefugt waren. 1989 gehörten neun der zehn ZK-Sekretäre dem Politbüro an, nur die Leiterin des ZK-Sekretariats für Frauenfragen, Inge Lange, blieb 16 Jahre lang „Kandidatin"!

Anfang 1990 verschwand mit der SED, die als SED/PDS ins Karl-Liebknecht-Haus umzog, auch das große Parteisignet mit dem historischen

Händedruck zwischen Wilhelm Pieck und Otto Grotewohl auf der Vorderfront des Gebäudes. Fortan wurde das Haus von der Volkskammer genutzt. Nachdem der Palast der Republik wegen Asbestgefahr gesperrt worden war, tagte das Parlament im großen Sitzungssaal am Werderschen Markt, zum letzten Mal am 2. Oktober 1990. Seit 1999 ist das Haus, erweitert um einen Kopfbau, Sitz des Auswärtigen Amts.

Ministerium für Auswärtige Angelegenheiten

Abgerissen, Schinkelplatz

Hinter dem Kupfergraben, zwischen den Linden und der Französischen Straße, stand bis 1996 das 1964–67 errichtete Außenministerium der DDR, ein 145 Meter langer und 44 Meter hoher Büroriegel, der die neue Mitte der Hauptstadt nach Westen hin abschloss. Er musste dem geplanten Wiederaufbau der Bauakademie weichen, zu dem es bis heute nicht gekommen ist.

Außenministerium hinter Schlossbrücke, 1988
Rekonstruiertes Kronprinzenpalais, 1980

Die historische Meile Unter den Linden

1950 begann die Rekonstruktion der historischen Meile Unter den Linden, die erst 1969 abgeschlossen wurde. Einige Gebäude lagen in Ruinen, andere waren komplett abgetragen worden und mussten auf der grünen Wiese neu aufgebaut werden. Unter der Leitung von Richard Paulick gab man den einzelnen Bauten äußerlich die originale Gestalt des 18. oder 19. Jahrhunderts. Im Innern dagegen wurden die Bauten zum Teil völlig neu gestaltet, wenn auch meist im Dekor an den Berliner Spätbarock angelehnt. 1980 kehrte sogar das

Unter den Linden, Ecke Friedrichstraße, 1991

Standbild Friedrichs des Großen, das eingemauert den Krieg überstanden hatte und 1950 in den Park von Sanssouci gebracht worden war, auf seinen historischen Platz – nur um wenige Meter verschoben – zurück. 62 Jahre nach dem Ende des Kaiserreichs galten Preußen und die Hohenzollern nicht mehr als Feindbilder. Ein letzter Bau der historischen Meile kam erst 2003 hinzu: die ehemalige Stadtkommandantur Unter den Linden 1.

Zeughaus / Museum für Deutsche Geschichte

Deutsches Historisches Museum, Unter den Linden 2, www.dhm.de

Jugendstunde im Museum, 1982

1953, pünktlich zum „Karl-Marx-Jahr" und 70 Jahre nach dem Tod des kommunistischen Vordenkers, konnte das Zeughaus als zentrales Geschichtsmuseum der DDR eröffnet werden. Im Museum für Deutsche Geschichte wurden „vor allem die humanistischen und revolutionären Traditionen des deutschen Volkes" herausgestellt, und eine besondere Sehenswürdigkeit war die Gedenkstätte „Lenin in Berlin". Nach einer Generalsanierung wurde das Haus 2006 als zentrales Geschichtsmuseum der vergrößerten Bundesrepublik wiedereröffnet. Gezeigt werden auch Exponate zur DDR-Geschichte wie Honeckers Schreibtisch. Das Foyer kann seine Ent--stehungszeit in den frühen 1950er Jahren nicht verleugnen.

Maxim-Gorki-Theater

Am Festungsgraben 2, www.gorki.de

Die einstige Singakademie wurde schon 1947/48 als Theater des Hauses der Kultur der Sowjetunion wiederaufgebaut – äußerlich original, im Innern in alten Formen neu. Das kleinste der Ost-Berliner Staatstheater bewies vor allem in den 1980er Jahren unter der Intendanz von Albert Hetterle besonderen Mut, etwa mit der DDR-Premiere von Volker Brauns „Übergangsgesellschaft" 1988.

Neue Wache

Unter den Linden 4

Wachablösung vor Neuer Wache, 1988

In der von Schinkel entworfenen Neuen Wache brannte seit 1969 über den Gräbern eines unbekannten Widerstandskämpfers und eines unbekannten Soldaten eine „ewige Flamme". Auch wurde hier „blutgetränkte Erde aus faschistischen Konzentrationslagern und von Schlachtfeldern des Zweiten Weltkriegs" aufbewahrt. Vor dem Mahnmal standen Soldaten der Nationalen Volksarmee Ehrenwache, und die halbstündliche Wachablösung – in akkuratem preußischem Stechschritt – war für Ost-Berlin-Besucher eine besondere Attraktion. 1993 wurde das Mahnmal von Lothar Kwasnitza durch eine vergrößerte Kopie

Die Linden mit Neuer Wache (r. vorn) und Humboldt-Universität (dahinter), 1990

der Pietà von Käthe Kollwitz ersetzt, aus dem „Mahnmal für die Opfer des Faschismus und Militarismus" wurde die „Zentrale Gedenkstätte der Bundesrepublik Deutschland für die Opfer von Krieg und Gewaltherrschaft".

Staatsoper

Unter den Linden 7, www.staatsoper-berlin.de

Die 1955 mit Wagners „Die Meistersinger von Nürnberg" eingeweihte Staatsoper atmete bis zu ihrer Schließung 2010 noch ganz den Duft der DDR. Nach der Generalsanierung bietet der Bau eine Mischung aus Knobelsdorff'schem Rokoko, Paulick'schem Neoklassizismus der 1950er Jahre und der funktionalen Architektur eines modernen Opernhauses.

Die Staatsoper war das Renommierhaus der DDR, sie besaß auch international einen ausgezeichneten Ruf. Gleiches galt für die Staatskapelle, obwohl die 1961 einen bedeutenden Umbruch verkraften musste: Bis zum Mauerbau pendelten zahlreiche Orchestermitglieder aus dem Westteil Berlins zur Arbeit in den Osten; sie mussten nun, nach der Abriegelung, durch junge Musiker ersetzt werden. Generalmusikdirektor war 27 Jahre lang ein Österreicher: Otmar Suitner. Sein Nachfolger wurde 1991 Daniel Barenboim.

Das Verwaltungs- und Magazingebäude der Staatsoper ist ein Neubau der 1950er Jahre; das Operncafé ist eine Neuschöpfung der Jahre 1963/64 hinter wiederaufgebauten Fassaden. Gleiches gilt für das Kronprinzenpalais, das 1969 als „Kultur- und Gästehaus des Magistrats von Groß-Berlin" eingeweiht wurde. Eine stilistische Kuriosität ist der rückwärtig gelegene Pavillon der Schinkelklause.

Der Portikus der Staatsoper Unter den Linden, 1986

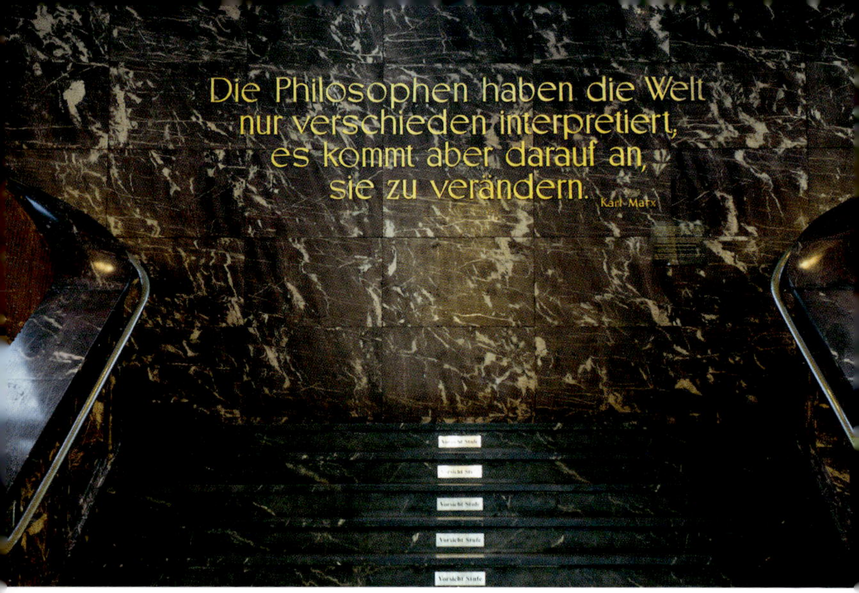

Karl-Marx-Zitat im Foyer der Humboldt-Universität

Humboldt-Universität

Unter den Linden 6, www.hu-berlin.de

Die 1949 nach ihrem Gründer Wilhelm von Humboldt benannte Universität wurde 1947–62 in zwei Bauphasen äußerlich wiederhergestellt, im Innern aber zum Teil ganz neu gestaltet. Im 1950er-Jahre-Foyer wird man noch heute von Karl Marx' berühmter Feuerbach-These in goldenen Lettern begrüßt: „Die Philosophen haben die Welt nur verschieden interpretiert, es kommt aber darauf an, sie zu verändern." Die einstige Friedrich-Wilhelms-Universität war für die DDR-Führung ein historisch bedeutsamer Ort: Karl Marx hat hier 1836–41 u.a. bei Georg Wilhelm Friedrich Hegel studiert, und Friedrich Engels, der zweite „Begründer der wissenschaftlichen Weltanschauung der Arbeiterklasse", besuchte während seiner Militärzeit 1841/42 als Gasthörer Vorlesungen.

Kundgebung auf dem Bebelplatz, 1984

Alte Bibliothek/ Juristische Fakultät

Bebelplatz

Die Alte Bibliothek ist Potemkin pur! Hinter der geschwungenen Fassade der „Kommode" und den drei benachbarten Häuserfronten verbergen sich Neubauten der 1960er Jahre für die juristische Fakultät der Humboldt-Universität. Der Blick in den Hof ist überraschend.
Ein farbiges Glasfenster in der Bibliothek im Obergeschoss zeigt Lenin als Leser in diesem Gebäude. Am 11. August 1895 hatte er sich mit seinem bürgerlichen Namen Wladimir Iljitsch Uljanow, Rechtsanwaltsassistent und wohnhaft in Moabit, in die Leser-Liste eintragen lassen. In einem Wandschrank beim Eingang in den Lesesaal lag zu DDR-Zeiten das Verzeichnis der Bücher, mit denen der spätere „Lenin" gearbeitet hat. An erster Stelle: „Die heilige Familie" von Marx und Engels.

Lesesaal der Alten Bibliothek, 1970
Lenin-Glasfenster von außen

Bahnhof Friedrichstraße

Friedrichstraße/Georgenstraße

Der Bahnhof, dessen heutige Gestalt aus den 1920er Jahren stammt, war zu Mauerzeiten der wichtigste Übergang von West-Berlin nach Ost-Berlin, aber auch ein quasi exterritorialer West-Berliner Umsteigebahnhof mitten im anderen Teil der Stadt. Nach dem Mauerbau lief der Verkehr auf den U-Bahn-Linien 6 und 8 und auf der Nord-Süd-S-Bahn weiter, die auf Ost-Berliner Gebiet liegenden Bahnhöfe waren jedoch gesperrt. Stationen wie Alexanderplatz, Oranienburger Straße oder Stadtmitte durchfuhren die Züge in gedrosseltem Tempo, aufmerksam beobachtet von DDR-Grenzsoldaten, die auf den dunklen, ansonsten menschenleeren Bahnsteigen Wache standen. Nur die Stationen der U6 und der Nord-Süd-Bahn an der Friedrichstraße waren geöffnet. Hier konnte man, aus Kreuzberg oder dem

Halle des in den 1990er Jahren sanierten Bahnhofs Friedrichstraße

Wedding kommend, in den Intershop-Kiosken auf den Bahnsteigen preiswert Spirituosen, Zigaretten oder Kosmetika kaufen und zurückfahren – oder nach oben zur S-Bahn steigen und nach Westen fahren.

Lange gehörte das gesamte S-Bahn-Netz zur (ostdeutschen) Reichsbahn, erst 1984 übernahm der (West-)Senat die West-Berliner Linien. Ab diesem Zeitpunkt stieg auf dem letzten West-Bahnhof der Stadtbahnstrecke, Lehrter Bahnhof am Ort des heutigen Hauptbahnhofs, der West-Berliner Zugführer aus und machte einem Ost-Berliner Kollegen Platz, der dann das letzte Stück über die Spree und, auf dem rechts und links von Drahtzäunen eingefassten Bahndamm, zum Bahnhof Friedrichstraße fuhr. Dort endete der Zug in der Nordhalle des Bahnhofs, die durch hohe Wände von der Haupthalle getrennt war, und fuhr wieder zurück. Von erhöhten Laufgängen an der Stirnseite der Halle aus beobachteten DDR-Grenzsoldaten aufmerksam alle Reisenden. Die Züge aus Richtung Osten endeten in der großen Bahnhofshalle.

Grenzübergangsstelle im Bahnhof, 1980er Jahre

Der Bahnhof Friedrichstraße war aber auch der wich-

Haupthalle mit Treppe zum Grenzübergang, 1982

tigste Grenzübergang. Im Bahnhofsinnern passierte man die Kontrollkabinen der Grenzer, vor denen sich oft lange Schlangen bildeten. Hatte man diese Prozedur hinter sich gebracht, wurde man in Richtung Tageslicht geleitet – und befand sich mitten in Ost-Berlin.

Intershops

„Bekanntlich kommen zu uns im Jahr etwa 9,5 Millionen Gäste aus kapitalistischen Ländern, die bei uns essen, zum großen Teil übernachten und selbstverständlich auch Geld in den Taschen haben. Durch die Intershop-Läden haben wir die Möglichkeit geschaffen, dass diese Devisen bei uns im Lande bleiben." So erklärte Staats- und Parteichef Erich Honecker 1977 im DDR-Fernsehen die Existenzberechtigung von Hunderten Intershops, in denen man nicht mit Mark der DDR, sondern nur mit „konvertierbarer Währung" einkaufen konnte. Seit 1974 durften auch DDR-Bürger West-Geld besitzen, das sie zum Beispiel von ihrer Verwandtschaft geschenkt bekommen hatten. Um im Intershop einzukaufen, mussten sie dieses Geld allerdings in „Forumschecks" umtauschen. Für West-Berliner waren Intershops verlockend, da Zigaretten, Alkohol und Kosmetika hier wesentlich billiger angeboten wurden.

Tränenpalast

Reichstagufer 17, www.hdg.de/berlin/traenenpalast-am-bahnhof-friedrichstr

Tränenpalast mit Geschichtsausstellung
Grenzkontrollstelle, 1966

Touristen aus dem Westen und Bürger der Bundesrepublik mussten Ost-Berlin bis spätestens Mitternacht verlassen, für West-Berliner war die Sperrstunde zwei Uhr. Dann fuhr die letzte S-Bahn vom Bahnhof Friedrichstraße hinüber in die westliche Welt zum Bahnhof Zoo. Die Grenzkontrollen beim Verlassen Ost-Berlins erfolgten in der Stahl- und Glashalle auf dem Bahnhofsvorplatz, die 1962 erbaut wurde und bis heute erhalten ist. Ost-Berliner durften das Gebäude nicht betreten und konnten auch nicht hineinsehen. Freunde und Verwandte mussten vor dem Gebäude voneinander Abschied nehmen – und dabei flossen, vor allem bei den gar nicht so wenigen Ost-West-Liebespaaren, manchmal Tränen. Nach dem Mauerfall wurde der Tränenpalast viele Jahre als Konzertstätte genutzt, seit 2011 informiert eine Ausstellung über die Geschichte des Ortes.

Admiralspalast, seit 2006 wieder geöffnet

Admiralspalast

Friedrichstraße 101/102, www.admiralspalast.de

Im Haus mit der prächtigen Fassade stachelt seit 1953 „Die Distel" – ursprünglich gegen den westlichen „Klassenfeind", später mehr und mehr gegen die heimischen Verhältnisse in der DDR. Dennoch kam das Kabarett immer wieder um die drohende

Schließung herum – und existiert, als Privattheater, bis heute.

Im Hofgebäude befand sich bei der Eröffnung des Hauses 1910 eine Eisbahn. Man gab ab 1922 Operetten und Revuen, 1945–55 große Oper (als Ausweichquartier der Staatsoper), dann wieder leichtere Kost (als Metropol-Theater). 1997 war Schluss mit lustig, Berlins letztes Operettentheater wurde abgewickelt. Erst seit 2006 wird der Saal wieder bespielt.

Passanten vor dem Admiralspalast, 1975

Seinen bedeutendsten historischen Moment aber erlebte der Admiralspalast im April 1946 als Versammlungsstätte. Am 21. April besiegelten die beiden Parteivorsitzenden Otto Grotewohl und Wilhelm Pieck die Vereinigung von SPD und KPD zur „Sozialistischen Einheitspartei Deutschlands" durch einen historischen Händedruck. „Dreißig Jahre Bruderkampf finden in diesem Augenblick ihr Ende", sagte Grotewohl, der Vorsitzende der SPD in der „Sowjetischen Besatzungszone", laut dem Versammlungsprotokoll. „An Deinem 70. Geburtstag [Anfang 1946], Wilhelm Pieck, reichten wir uns die Hände für Hunderttausende von Sozialdemokraten und Kommunisten. Ich wünschte damals schon den Tag herbei, an dem sich unsere Hände nicht mehr zu trennen brauchten. Dieser Tag ist heute da."

Zwei Jahre später, am 30. November 1948, tagte im Admiralspalast eine „außerordentliche Stadtverordnetenversammlung", auf der die Gesamtberliner Stadtregierung abgewählt und ein „provisorischer demokratischer Magistrat" einsetzt wurde. Stimmberechtigt waren neben den 23 demokratisch gewählten SED-Abgeordneten des Stadtparlaments 1600 weitere Delegierte der SED und anderer gesellschaftlicher Organisationen. Zum ersten Oberbürgermeister für den Ost-Teil Berlins wählten sie Friedrich Ebert, den Sohn des gleichnamigen ehemaligen Reichspräsidenten.

Berliner Ensemble

Bertolt-Brecht-Platz 1,
www.berliner-ensemble.de

Brecht und Weigel am 1. Mai 1954

Als der berühmte Theaterautor Bertolt Brecht 1947 aus dem amerikanischen Exil nach Europa zurückkehrte, versuchte man ihn aus seinem Zwischendomizil Zürich mit besten Arbeitsbedingungen nach Ost-Berlin zu locken.

Dazu gehörte vor allem ein eigenes, von Brechts Frau Helene Weigel geleitetes Ensemble. Das „Berliner Ensemble" spielte seit 1949 im Deutschen Theater, dem späteren Schauspielerolymp der DDR, und zog 1954 ins Theater am Schiffbauerdamm, an das Brecht gute Erinnerungen hatte: 1928 war hier seine „Dreigroschenoper" uraufgeführt worden. Die originale Stuckfassade wurde 1953/54 komplett abgeschlagen, im Innern aber herrscht noch üppige Plüschpracht. Nach dem Tode Brechts 1956 und Helene Weigels 1971 führten ehemalige Schüler das Theater in seinem Geist weiter. Brechts Stücke bilden noch heute einen Repertoirekern.

BE am Schiffbauerdamm, 1990
Revuetheater Friedrichstadtpalast

Friedrichstadt-palast

Friedrichstraße 107,
www.show-palace.eu

Darauf konnten die DDR-Bürger wirklich stolz sein: Der 1984 eingeweihte Friedrichstadtpalast war

Der Friedrichstadtpalast an neuem Standort, 1984

(und ist noch immer) ein Revuetheater vom Feinsten, das größte in Europa, technisch bestens ausgestattet mit Wasserbecken, Eisfläche und ähnlichen Sensationen – und künstlerisch weltweit anerkannt. Der Vorgängerbau, der alte Friedrichstadtpalast am Schiffbauerdamm neben dem Berliner Ensemble, wurde 1980 wegen Baufälligkeit geschlossen und später abgerissen. Das neue Haus zeigt die Plattenbau-Postmoderne der 1980er Jahre in höchster Blüte.

Eröffnungsveranstaltung des Theaters im April 1984

Schauspielhaus

Konzerthaus Berlin, Gendarmenmarkt 3/4, www.konzerthaus.de

Nach Kriegsende hatte man am Gendarmenmarkt die Ruinen der beiden Dome und des Schauspielhauses nur gesichert, dann aber ihrem Schicksal überlassen. Erst 1976 fiel die Entscheidung, den „Platz der Akademie", wie er zu DDR-Zeiten hieß, zu einem „Zentrum für Wissenschaft und Kultur" auszubauen. Ost-Berlin fehlte ein vernünftiger Konzertsaal, und so beschloss man, nur die Hülle des Schauspielhauses zu rekonstruieren, das Innere aber als Ost-Pendant zur Philharmonie aufzubauen. Anders als bei der Alten Oper in Frankfurt am Main entschied man sich jedoch gegen moderne Architektur. Stattdessen erhielt das völlig neu gestaltete Innenleben eine Schinkel'sche Anmutung. Der Große Saal wurde dem wesentlich kleineren Konzertsaal im Nordtrakt des Schinkelbaus nachempfunden, und auch die übrigen Räume, unter ihnen der für Kammermusik genutzte Kleine Saal, wurden mit viel Liebe zum Detail klassizistisch ausgestaltet. 1984 wurde das Schauspielhaus feierlich eingeweiht, am 25. Dezember 1989 dirigierte Leonard Bernstein hier Beethovens neunte Symphonie mit dem abgewandelten Schlusschor „An die Freiheit".

NDPD-Zentrale

Haus des Deutschen Handwerks, Mohrenstraße 20/21

Westseite der ehem. NDPD-Zentrale

In den 1950er Jahren plante man, die Friedrichstraße zu einem 66 Meter breiten Boulevard auszubauen. Auf dem Eckgrundstück zur Mohrenstraße errichtete man ein Bürohaus für die Blockpartei NDPD. Neben dem Haupteingang an der Friedrichstraße wurde bereits die Hausnummer 65 eingemeißelt. Wenig später zerschlugen sich die Pläne für die Friedrichstraße, und so betritt man das Haus heute durch den eigentlichen Seiteneingang. Die wunderbare Innengestaltung mit einem prächtigen Keramikfries im Foyer wurde glücklicherweise beim Umbau für den Zentralverband des Deutschen Handwerks bewahrt. Leider ist das Haus nicht zu besichtigen.

Mitte der 1980er Jahre begann man erneut, die Friedrichstraße zur

Einkaufsmeile auszubauen. Der Plan sah vor, „158 Verkaufsstellen, 26 Einrichtungen der örtlichen Versorgungswirtschaft und 63 Gaststätten mit fast 4600 Plätzen in den Sockelgeschossen der Gebäude" unterzubringen. Die Friedrichstadtpassagen hatten zum Teil schon ihre Fassadenelemente erhalten, als die Mauer fiel. Wenig später riss man die Bauruinen ab und erbaute stattdessen die heutigen Friedrichstadtpassagen.

Haus der Sowjetischen Wissenschaft und Kultur

Russisches Haus der Wissenschaft und Kultur, Friedrichstraße 176–179, www.russisches-haus.de

Hier, im großen, meist menschenleeren Foyer hinter der Sicherheitsschleuse, die ein wortkarger russischer Beamter bedient, spürt man noch echtes Ostblock-Flair. Die wichtigsten Bruderstaaten präsentierten sich in der Hauptstadt der DDR mit eigenen Kulturinstituten. Das größte und gewichtigste unter ihnen entstand 1981–84 in der Friedrichstraße. In dieser „Begegnungsstätte für Bürger der DDR und der UdSSR" gruppierten sich um das großzügige Foyer Säle, Ausstellungsräume, eine Bibliothek, eine Exportmusterschau und natürlich eine russische Nationalitätengaststätte. Heute gehört das Haus dem russischen Staat und wird von verschiedenen Institutionen genutzt.

Einst sowjetisches, heute russisches Kulturhaus

Grand Hotel

The Westin Grand, Friedrichstraße 158–164

So verschwenderisch mit umbautem Raum in bester Lage konnte man wohl nur im real existierenden Sozialismus umgehen. Das Grand Hotel, heute The Westin Grand, wurde 1987 als Fünf-Sterne-Luxushotel mit 600 Betten und „speziellen gastronomischen Einrichtungen" eröffnet. In den beiden benachbarten Häusern Unter den Linden, die noch die originalen Fassaden tragen, befanden sich „repräsentative Läden" wie der

Das ehem. „Grand Hotel“ an der Ecke Friedrichstraße / Unter den Linden

„Kunstsalon“ und eine „Spezialverkaufsstelle“ für Meissener Porzellan. Adressaten dieser Angebote waren Touristen mit West-Valuta.

Komische Oper

Behrenstraße 55–57, www.komische-oper-berlin.de

Wer das Haus zum ersten Mal betritt, staunt nicht schlecht: Hinter dem modernen Äußeren, das schmuckloser kaum sein könnte, verbirgt sich eines der plüschigsten Theater der Stadt – der Saal stammt von 1892. Seit 1947 ist es das Domizil der Komischen Oper. Deren (Neu-) Gründer Walter Felsenstein legte Wert darauf, Musiktheater nicht als eine Art szenisches Konzert zu verstehen, sondern inhaltlich und schauspielerisch genauso wichtig zu nehmen wie das Sprechtheater – ein damals revolutionärer Gedanke, der inzwischen selbstverständlich geworden ist. Felsensteins Komische Oper spielte eine wichtige Rolle in der Geschichte des Musiktheaters und auch im Leben des berühmtesten DDR-Dirigenten: Kurt Masur war hier 1960–64 als junger Kapellmeister engagiert. Die moderne Hülle stammt übrigens von 1966/67.

Wiedereröffnung der Oper, 1966

Ministerium des Innern

Mauerstraße 29

Die beiden durch eine hohe Brücke miteinander verbundenen Karrees zwischen Behren-, Mauer-, Jäger- und Glinkastraße beherbergten bis zum Zweiten Weltkrieg die Zentrale der Deutschen Bank, des schon damals größten Geldinstituts Deutschlands. Ab 1949 wurden die Bürobauten mit vereinfachten Fassaden wiederhergestellt und als Dienstsitz des DDR-Innenministeriums genutzt. Seit 1963 war der Innenminister zugleich „Chef der Deutschen Volkspolizei". Im neuen Bauteil an der Behrenstraße saß nach der Wende die „Gauck-Behörde", die Behörde des Bundesbeauftragten für die Unterlagen des Staatssicherheitsdienstes der DDR. Heute stehen die Gebäude weitgehend leer.

Sowjetische Botschaft

Botschaft der Russischen Föderation, Unter den Linden 55–65

Nach ihrer Gründung am 7. Oktober 1949 wurde die DDR zunächst nur von 13 Staaten anerkannt – den „sozialistischen Bruderländern". Deren diplomatische Vertretungen wurden in Altbauten vor allem in Karlshorst untergebracht. Nur ein Staat errichtete sich ein neues Botschaftsgebäude: die Sowjetunion. Am Ort des kriegszerstörten Vorgängerbaus entstand 1949–52 der erste Neubau Unter den Linden überhaupt, und er ist bis heute der einzige Bau, der die geschlossene Häuserflucht der Lindenallee aufbricht. Die Grundanlage mit dem Ehrenhof und auch das Innere mit dem weiträumigen zentralen Treppenhaus und den Repräsentations-

Nobles Treppenhaus der heutigen russischen Botschaft

räumen in der Beletage erinnern an barocke Schlossbauten. Die prunkvolle Innenausstattung aus den letzten Jahren Stalins ist vollständig erhalten. Hier fanden nicht nur bedeutsame Treffen wie die Konferenz der Außenminister der vier Siegermächte 1954 statt, die Botschaft der UdSSR bildete auch ein wichtiges Machtzentrum im ostdeutschen Staat.

Nach und nach kamen weitere Bauten zum Botschaftskomplex hinzu: die Wirtschaftsvertretung, auf der noch der Aeroflot-Schriftzug prangt, Wohngebäude und das ehemalige Schwimmbad auf der südlichen Seite der Behrenstraße.

Außenministertagung, 1954

Die westliche Hälfte der Lindenallee

Der Straßenzug westlich der Friedrichstraße wurde ab 1962 wiederaufgebaut. Zwischen den wenigen Altbauten – unter ihnen der Zollernhof, Sitz des Zentralrats der FDJ und heute ZDF-Hauptstadtstudio – entstanden

Noch kein Ort für Flaneure: Westliches Ende der Allee „Unter den Linden", 1969

Die Polnische Botschaft Unter den Linden 72, 1987

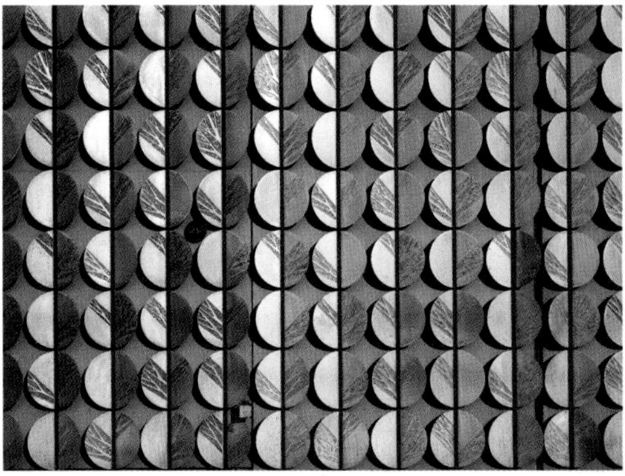

Lindenblätter am Botschaftsbau

Bürobauten in moderner Architektursprache. Einige Häuser haben inzwischen neue Fassaden erhalten, so das Ministerium für Außenhandel (Unter den Linden 44–60, heute vom Bundestag genutzt), andere zeigen sich noch wie 1989. Darunter ist auch die ehemalige Botschaft der Volksrepublik Polen mit 224 Aluminium-Lindenblättern neben dem Eingang, die von Fritz Kühn entworfen und gestaltet wurden. Eine versteckte Pointe des „Lindenblätterwalds“ ist der kleine Vogel, der auf einem der Blätter sitzt. Das 1964 fertiggestellte fünfgeschossige Botschaftsgebäude steht inzwischen unter Denkmalschutz. Erst 1969 wurde die DDR von den ersten sechs nichtsozialistischen Staaten völkerrechtlich anerkannt, nach dem Abschluss des Grundlagenvertrags mit der Bundesrepublik im Dezember 1972 folgte eine große Anerkennungswelle. Die zuständige DDR-Behörde, das Dienstleistungsamt für Ausländische Vertretungen, stellte daraufhin zahlreichen kleineren Gesandtschaften zwei Bürogebäude mit fast identischen

Aluminium-Glas-Fassaden zur Verfügung, von denen eines unverändert erhalten ist (Dorotheenstraße 87–91/Schadowstraße 6; so sah bis 2011 auch das Eckhaus Dorotheenstraße 97/Wilhelmstraße 65/66 aus). 1990 befanden sich in beiden Gebäuden zusammen die Vertretungen von 31 Staaten.

Einstiger Botschaftsbau in der Dorotheenstraße

Justizministerium

Dienstgebäude des Bundestags, Dorotheenstraße 93

Der typische NS-Bau entstand 1938 als Erweiterung des Reichs- und preußischen Innenministeriums. Nach 1949 zog das Justizministerium der DDR ein. Nachdem sich Minister Max Fechner in einem Zeitungsinterview gegen die Strafverfolgung streikender Arbeiter vom 17. Juni 1953 ausgesprochen hatte, wurde er abgelöst und ersetzt durch Hilde Benjamin, die zuvor als Vizepräsidentin des Obersten Gerichts der DDR einige politische Schauprozesse geleitet hatte. Die Anklageschriften und Urteile zahlreicher Prozesse wurden fortan im Ministerium vorbereitet. Erst 1963 wurde die DDR-Justiz wieder aus der Oberaufsicht des Ministeriums entlassen. Das Gebäude wird heute vom Bundestag genutzt.

Frisch saniertes ehem. Justizministerium

Ministerium für Volksbildung

Dienstgebäude des Bundestags, Wilhelmstraße 60b

Im Westen kannte man Margot Honecker nur als Ehefrau des Staats- und Parteichefs Erich Honecker. Doch sie war selbst eine hochrangige Politikerin. 1950 wurde sie mit 22 Jahren jüngste Abgeordnete der Volkskammer,

1963 bis 1989 amtierte die gelernte kaufmännische Angestellte als Ministerin für Volksbildung. Ihr Dienstsitz war das Eckgebäude Unter den Linden/Wilhelmstraße, das 1962–64 erbaut wurde, 1993/94 eine völlig neue Fassade erhielt und heute vom Bundestag genutzt wird.

Brandenburger Tor

Pariser Platz

Seit dem Bau der Mauer 1961 war der Pariser Platz auch nach Osten hin abgesperrt. Das Brandenburger Tor wurde zum Sehnsuchtsort im Sperrgebiet des „antifaschistischen Schutzwalls" – unerreichbar von beiden Seiten. Es wurde zum Symbol schlechthin für die Teilung Berlins, Deutschlands und der Welt. Von der Vorkriegsbebauung des Platzes stand 1990 nur noch ein einziges Gebäude: der Atelier- und Ausstellungsflügel der Akademie der Künste. In ihm hatten Generalbauinspektor Albert Speer und seine Mitarbeiter seit 1937 an den Modellen der neuen Reichshauptstadt gebastelt. Seit 1945 wehte auf dem Tor eine rote Fahne, erst 1956 wurde ein Neuguss der Quadriga aufgestellt, allerdings ohne preußischen Adler und Eisernes Kreuz.

Pariser Platz, 1982

In der Nacht vom 9. auf den 10. November 1989 erklommen die ersten Menschen die Mauer vor dem Tor, die hier meterbreit war, am 22. Dezember desselben Jahres schritten Kanzler Helmut Kohl und Ministerpräsident Hans Modrow gemeinsam durchs Brandenburger Tor.

Tor zur Freiheit: Grenzöffnung am Brandenburger Tor, 1989

Verstärkung der Sperrmauer am Brandenburger Tor, 1961

„Brandenburger Tor geschlossen“: Der Bau der Berliner Mauer

Um 3:37 Uhr morgens meldete Associated Press: „Brandenburger Tor geschlossen.“ In den frühen Morgenstunden des 13. August 1961, eines Sonntags, riegelten Volkspolizisten und Soldaten alle Straßen und Bahnlinien zwischen den beiden Stadthälften ab. Rings um West-Berlin entstand eine Absperrung aus Pfählen und Stacheldraht. Wohnungen an der Grenze wurden geräumt, Fenster und Haustüren zugemauert. S- und U-Bahnhöfe wurden geschlossen, Ost-Berliner Berufspendler wurden angewiesen, sich bei ihrer früheren Arbeitsstelle in Ost-Berlin oder einer staatlichen Stelle zu melden. Die drei Westmächte protestierten erst vier Tage später, als die Grenzer den Stacheldraht bereits gegen die ersten Betonelemente austauschten, in Moskau gegen den Bruch des Vier-Mächte-Abkommens – vergeblich. Am 22. August gab das DDR-Innenministerium bekannt, dass die Einreise nach Ost-Berlin nur noch mit einer „Aufenthaltsgenehmigung“ erlaubt sei. Die Einrichtung der Ausgabestellen – Filialen des DDR-Reisebüros in West-Berlin – wurde jedoch von der Alliierten Kommandantur verhindert, und so kam es zur kompletten Sperrung der Grenze.

DER SÜDEN VON MITTE

Wilhelmstraße – Leipziger Straße – Alexanderplatz

Wilhelmstraße

Die Wilhelmstraße bildete bis 1945 die Machtzentrale des Deutschen Reiches. Auf ihrer Westseite lagen zwischen Behren- und Voßstraße nebeneinander das Palais des Reichspräsidenten, das Auswärtige Amt und die Reichskanzlei. 1938 kam längs der Voßstraße die trutzige Neue Reichskanzlei hinzu. Im Hofgelände befand sich der Führerbunker, in dem Adolf Hitler mit einem Häuflein Getreuer die letzten Kriegswochen erlebte und in dem er am 30. April 1945 Selbstmord beging. Im Gegensatz zu den teils prächtigen Barockpalais der Umgebung überstand die Neue Reichskanzlei den Krieg ohne verheerende Schäden. Aus politischen Gründen aber verfügten die Sowjets ihre Zerstörung. Am Ort der Reichskanzlei sollte ein großes Denkmal für den im KZ ermordeten KPD-Führer Ernst Thälmann entstehen. Das Projekt wurde aber nach dem Wettbewerb 1949 nur halbherzig verfolgt und 1965 endgültig begraben. Erst unmittelbar vor dem Mauerfall wurde die Westseite der Wilhelmstraße (damals Otto-Grotewohl-Straße) wieder bebaut – mit Wohnbauten für linientreue Genossen.

Einstiger Bahnhof Thälmannplatz, 1952

Dass der kostbare Marmor der Neuen Reichskanzlei beim Bau der sowjetischen Ehrenmale im Tiergarten und in Treptow wiederverwendet wurde, ist vermutlich eine Legende. Auch der rote Marmor des 1950 eröffneten U-Bahnhofs Thälmannplatz (später Otto-Grotewohl-Straße, heute Mohrenstraße) kam direkt aus Thüringen und nicht aus der Reichskanzlei.

Presseamt/Nationalrat

Bundesministerium für Arbeit und Soziales, Wilhelmstraße 49

Die Neubauten der Nationalsozialisten erwiesen sich als standfest im Bombenhagel. Auch der Erweiterungsbau des Reichsministeriums für Volksaufklärung und Propaganda überstand den Krieg ohne gravierende Schäden – im Gegensatz zum barocken, von Schinkel umgebauten Altbau, in dem sich Joseph Goebbels' Ministerbüro befand. 1948 nahm der

„Falten gehen": Volkskammerwahlen in der DDR

Alle vier bis fünf Jahre waren die Bürger der DDR aufgerufen, über die Zusammensetzung der Volkskammer abzustimmen. Gewählt wurde folgendermaßen: War man als Wähler einverstanden mit der vom Nationalrat erstellten Einheitsliste, faltete man den Wahlzettel und steckte ihn in die Wahlurne. War man nicht einverstanden, ging man in die Wahlkabine und strich einzelne Namen der Liste durch. Es versteht sich, dass im Wahllokal auch Mitarbeiter des MfS anwesend waren. 99 Prozent der Wähler betraten die Wahlkabine nicht. So kam es regelmäßig zu „eindrucksvollen Vertrauensbeweisen für die Kandidaten der Nationalen Front der Deutschen Demokratischen Republik". Gab es doch mehr Neinstimmen als gewünscht, wurden die Ergebnisse „nachgebessert".

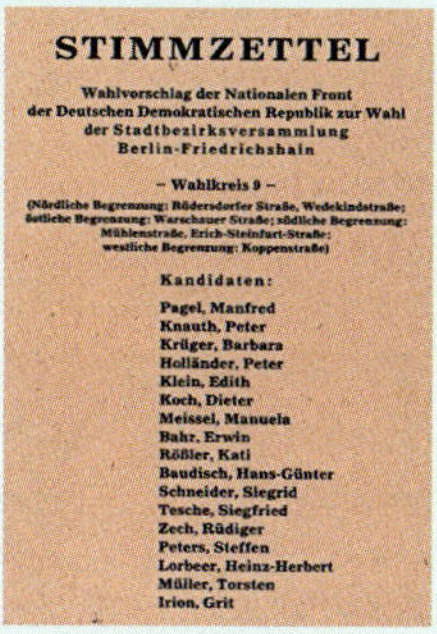
STIMMZETTEL

Wahlvorschlag der Nationalen Front
der Deutschen Demokratischen Republik zur Wahl
der Stadtbezirksversammlung
Berlin-Friedrichshain

– Wahlkreis 9 –

(Nördliche Begrenzung: Rüdersdorfer Straße, Wedekindstraße;
östliche Begrenzung: Warschauer Straße; südliche Begrenzung:
Mühlenstraße, Erich-Steinfurt-Straße;
westliche Begrenzung: Koppenstraße)

Kandidaten:

Pagel, Manfred
Knauth, Peter
Krüger, Barbara
Holländer, Peter
Klein, Edith
Koch, Dieter
Meissel, Manuela
Bahr, Erwin
Rößler, Kati
Baudisch, Hans-Günter
Schneider, Siegrid
Tesche, Siegfried
Zech, Rüdiger
Peters, Steffen
Lorbeer, Heinz-Herbert
Müller, Torsten
Irion, Grit

Ohne politischen Einfluss: Nationalrat

Deutsche Volksrat, das Übergangsparlament der SBZ, hier seine Arbeit auf, auch die Verfassung der DDR wurde hier von einem Ausschuss unter Leitung von Otto Grotewohl erarbeitet. Später war in diesem Gebäude – pikanterweise – das Amt für Information der DDR untergebracht, das seit 1963 einen schöneren Titel trug: Presseamt beim Vorsitzenden des Ministerrates der DDR.

Ebenfalls im einstigen Goebbels-Bau saß ein nur auf dem Papier einflussreiches Gremium: der Nationalrat als zentrales Organ der Nationalen Front der DDR, des Zusammenschlusses aller Parteien, Massenorganisationen und Verbände im Lande. Selbst kleine Bevölkerungsgruppen waren vertreten, z.B. durch den Verband der Komponisten und Musikwissenschaftler, den Gehörlosen- und Schwerhörigenverband oder

Heutiges Bundesarbeitsministerium

den Verband der Kleingärtner, Siedler und Kleintierzüchter. Hauptaufgabe des Nationalrats war es, alle vier bis fünf Jahre eine Wahlliste für die Volkskammer zusammenzustellen, auf der die Mitglieder der Nationalen Front im richtigen Proporz vertreten waren.

Botschaft der ČSSR

Botschaft der Tschechischen Republik, Wilhelmstraße 44

Nur zwei Botschaften in Ost-Berlin wurden nicht von DDR-Architekten geplant: die sowjetische Botschaft und die der ČSSR. Die heutige Botschaft der Tschechischen Republik stellt eine interessante Mischung aus dem Beton-Brutalismus der 1970er Jahre und dem tschechischen Kubismus der 1910er Jahre dar. Ganz in der Nähe entstanden die Botschaft der Demokratischen Volksrepublik Korea (Mauerstraße 5–7, das Hauptgebäude wird als Hostel genutzt, von der Innenausstattung ist nichts erhalten) und die der Volksrepublik Bulgarien (Leipziger Straße 20/Mauerstraße 11).

Tschechische Botschaft

Haus der Ministerien I

Bundesministerium der Finanzen, Wilhelmstraße 97

Ein Haus mit Tradition: Gebaut 1934–36 für das neugegründete Luftfahrtministerium, diente es zu DDR-Zeiten der Ministerialverwaltung und ab 1990 der Treuhandgesellschaft; heute ist es das Bundesministerium der Finan-

Max Lingners Wandbild „Aufbau der Republik" von 1952/53 am Finanzministerium

zen. 1946 bezog die Sowjetische Militäradministration das kaum zerstörte Gebäude, 1947 nahm hier die Deutsche Wirtschaftskommission ihre Arbeit auf, die zentrale deutsche Verwaltungsbehörde der SBZ. Im neugestalteten Festsaal verabschiedete der Deutsche Volksrat am 7. Oktober 1949, „einen Monat nach Ausrufung des westdeutschen Separatstaats", die Verfassung der DDR – damit war die Deutsche Demokratische Republik gegründet. Anschließend wählte man Wilhelm Pieck zum Staatspräsidenten und beauftragte Otto Grotewohl mit der Bildung einer Regierung. Ab 1951 bildeten das ehemalige Luftfahrtministerium und Teile des preußischen Herrenhauses (heute Bundesrat) und des preußischen Landtags (heute Abgeordnetenhaus von Berlin) gemeinsam das Haus der Ministerien. In den frühen 1950er Jahren war dies das Regierungszentrum der DDR, und bis 1990 waren hier die Staatliche Plankommission und die für verschiedene Wirtschaftszweige zuständigen Ministerien angesiedelt, zum Beispiel die Ministerien für Bezirksgeleitete Industrie und Lebensmittelindustrie, für Glas- und Keramikindustrie oder für Werkzeug- und Verarbeitungsmaschinenbau.

Ehem. Haus der Ministerien
Gründung der DDR am 7. Oktober 1949

Dass man die alten NS-Bauten so problemlos weiternutzte, hatte auch damit zu tun, dass die DDR sich nicht als Nachfolger des „Dritten Reiches" verstand. Der „Erste Arbeiter- und Bauernstaat auf deutschem Boden" begann bei Null und schaute nach vorn.

In die Geschichte eingegangen ist die Pressekonferenz im Großen Festsaal des Hauses der Ministerien, zu der Walter Ulbricht am 15. Juni 1961 rund 350 Journalisten geladen hatte. Die Zahl der „Republikflüchtlinge" war dramatisch angewachsen, die DDR-Führung musste handeln. Ulbricht aber brachte in einem einstündigen Monolog nur die bekannten Vorwürfe und Forderungen an den Westen. Schließlich fragte eine westdeutsche Journalistin, ob „die Staatsgrenze am Brandenburger Tor errichtet" würde und ob der Vorsitzende entschlossen sei, „dieser Tatsache mit allen Konsequenzen Rechnung zu tragen". Darauf Ulbricht: „Ich verstehe Ihre Frage so, dass es Menschen in Westdeutschland gibt, die wünschen, dass wir die Bauarbeiter

Der 17. Juni 1953

Am ehemaligen Haus der Ministerien I, an der Ecke Wilhelmstraße/Leipziger Straße, beschwören Wandbilder von 1952 die glückliche sozialistische Gesellschaft. Die Realität sah ein Jahr später anders aus: Trotz Problemen bei der Lebensmittelversorgung und einem Abbau sozialer Leistungen beschlossen Partei und Ministerrat eine zehnprozentige Normenerhöhung zum 30. Juni 1953, dem 60. Geburtstag Walter Ulbrichts. Als auch die Gewerkschaftsleitung dieser Quasi-Lohnsenkung freudig zustimmte, kochte die Wut hoch. Am Dienstag, dem 16. Juni 1953, legten Bauarbeiter in Friedrichshain ihre Arbeit nieder und zogen ins Stadtzentrum vor den Sitz von Plankommission und Regierung. Weder Ulbricht noch Grotewohl trauten sich, mit den Arbeitern zu sprechen. Der Ministerpräsident sagte ihnen aber wenig später übers Radio zu, die Normenerhöhung werde zurückgenommen. Da aber hatten sich die Demonstrationen schon zu einem allgemeinen Protest gegen die Verhältnisse ausgeweitet. Für den folgenden Tag wurde ein Generalstreik vereinbart, und nun befand sich die ganze DDR in Aufruhr. Das Zentrum Berlins war voller streikender Arbeiter;

am Potsdamer Platz wurde eine Polizeiwache in Brand gesetzt, auf dem Brandenburger Tor holten Demonstranten die rote Fahne herunter und hissten eine schwarz-rot-goldene. Um 13 Uhr verhängte der sowjetische Stadtkommandant schließlich den Ausnahmezustand und ließ die Straßen durch Panzer räumen. Bis zum Abend gab es allein in Berlin 16 Tote und mehr als 100 Verletzte. Über 1500 „Provokateuren" wurde in den folgenden Monaten der Prozess gemacht, zwei wurden zum Tode verurteilt. Ministerpräsident Grotewohl nannte den Volksaufstand einen „faschistischen Putschversuch" – an der Politik der SED änderte sich grundlegend nichts. Das Gefühl, zwischen den Demonstranten vorn und dem Klassenfeind hinten eingekeilt zu sein, führte jedoch dazu, dass man die zentralen Regierungsstellen bald von der Wilhelmstraße wegverlegte. Ein in den Boden eingelassenes Glasbild an der Ecke Leipziger Straße/ Wilhelmstraße erinnert seit 2000 an die Opfer des Volksaufstands.

Die DDR-Wirtschaft

Charakteristisch für die Wirtschaft der DDR war, dass die Grundversorgung der Bevölkerung in hohem Maße subventioniert wurde: Wohnraum, Verkehrsmittel, Energie, medizinische Versorgung, Schulen und Bildungsangebote kosteten sehr wenig Geld. Dafür waren andere Artikel wie Autos, Elektrogeräte oder Lebensmittel außerhalb des täglichen Grundbedarfs sehr teuer und in der Regel nicht sofort verfügbar. Die Wartezeit für einen Trabant betrug mehrere Jahre. Fast die komplette Warenproduktion und ein gewichtiger Teil der Handwerksbetriebe waren als Volkseigene Betriebe verstaatlicht. Sie konnten ihre Produktion nicht selbst nach Angebot und Nachfrage ausrichten und kalkulieren, sondern unterlagen den detaillierten Vorgaben des staatlichen Planungssystems. Leitlinie für alle Planungen waren die von der Staatlichen Plankommission ausgearbeiteten Fünf-Jahres-Pläne.

der Hauptstadt der DDR mobilisieren, um eine Mauer aufzurichten, ja? Mir ist nicht bekannt, dass eine solche Absicht besteht, da sich die Bauarbeiter in der Hauptstadt hauptsächlich mit Wohnungsbau beschäftigen und ihre Arbeitskraft voll eingesetzt wird. Niemand hat die Absicht, eine Mauer zu errichten."

Potsdamer Platz

Der Potsdamer Platz, der zuvor verkehrsreichste Platz Berlins, wurde im Bombenhagel und im Endkampf um Berlin zerstört. Doch erst nach dem Aufstand vom 17. Juni 1953, bei dem das Columbiahaus, ein markantes modernes Bürohochhaus, in Flammen aufging, wurden die Ruinen der umliegenden Bauten abgeräumt. Nach dem Mauerbau wurde der Platz weiträumig abgesperrt, und so entstand eine riesige Brache, in die man von Aussichtsplattformen westlich der Mauer hineinschauen konnte. Ein Ort zum Gruseln.

DDR-Souvenirs am Potsdamer Platz

Eine besondere Kuriosität war das Lenné-Dreieck, das zu Ost-Berlin gehörte, aber – unberührt und überwuchert – westlich der Mauer lag. Zum 1. Juli 1988 sollte es im Rahmen eines Gebietsaustauschs zu West-Berlin kommen. Umweltaktivisten besetzten Ende Mai das Gelände mit Zelten, um für den Erhalt des Biotops zu protestieren. Es entwickelte sich ein einmonatiges Happening, da die West-Berliner Polizei das Gelände nicht betreten durfte und die Volkspolizei die Besetzer gewähren ließ. Als die West-Polizei das Gelände am 1. Juli räumte, waren die 180 Besetzer mit Hilfe der Grenzsoldaten über die Mauer getürmt. Einzeln wurden sie von dort wieder in den Westen zurückgeschleust. Heute stehen hier das Beisheim-Center und das Hotel Ritz-Carlton.

Brachland: Potsdamer Platz, 1989

Südlich des Leipziger Platzes, an der Erna-Berger-Straße, ist ein „Rundblickbeobachtungsturm", vulgo Wachturm, von etwa 1970 erhalten. An der Niederkirchnerstraße steht noch ein letztes Stück Mauer.

Checkpoint Charlie und Mauermuseum

Friedrichstraße 43–45, www.mauermuseum.de

Was im Deutschen Anton, Berta, Cäsar, sind im Amerikanischen Alpha, Bravo, Charlie. Nach diesen offiziellen Alphabet-Statthaltern benannten die Amerikaner die von ihren Streitkräften genutzten Grenzübergänge zwischen Ost und West. Berühmt wurde nur der Checkpoint Charlie an der Friedrichstraße zwischen Mitte und Kreuzberg, der nicht-deutschen Staatsbürgern, DDR-Funktionären und den Alliierten vorbehalten war. Nach dem Mauerbau, der am 13. August 1961 begann, hatte US-Präsident John F. Kennedy in einer Fernsehansprache bekräftigt, West-Berlin verteidigen zu wollen. Schon im Vorfeld hatte er den freien Zugang zur Halbstadt, den Erhalt ihrer Lebensfähigkeit und die Präsenz westalliierter Truppen in West-Berlin unabdingbar genannt. Die Mauer schränkte diese „Essentials" nicht ein, und so sahen die Amerikaner keinen Grund, gegen deren Errichtung einzugreifen.

Brenzlig wurde die Situation erst, als die Ost-Berliner Grenzsoldaten am 22. Oktober 1961 den Ausweis eines US-Diplomaten sehen wollten, was ihnen nach dem Vier-Mächte-Statut nicht zustand. Der Diplomat weigerte sich und erzwang mit Hilfe bewaffneter Militärpolizisten den Durchgang. Auch in den folgenden Tagen verlangten die DDR-Grenzer immer wieder von West-Diplomaten und -Militärs den Ausweis – bis es Präsident Kennedys Sondergesandtem Lucius D. Clay zu bunt wurde: Am 25. Oktober ließ er Panzer auffahren. Nach Gesprächen rückten sie zwar wieder ab, aber einen Tag später wurde erneut ein US-Major kontrolliert – und erneut schickte Clay Panzer vor. Nun reagierten die Sowjets, die der DDR-Regierung nicht in den Rücken fallen wollten, und ließen ebenfalls Panzer mit geladenen Geschützen anrücken. Es dauerte 18 Stunden, bis sich Kennedy und Chruschtschow verständigten und ein dritter Weltkrieg abgewendet war.

Immer wieder kam es zu Fluchtversuchen am Checkpoint Charlie, der mit den Jahren immer stärker ausgebaut wurde. Manche glückten, andere endeten tödlich wie der des 18-jährigen Peter Fechter am 17. August 1962. Beim Versuch, die Mauer, die damals noch wesentlich niedriger und mit Stacheldraht belegt war, zu überklettern, wurde er von Grenzern ohne Vorwarnung angeschossen und fiel zurück auf Ost-Berliner Gebiet, wo er nach einer Stunde verblutete – vor den Augen zahlreicher Anwohner und Fotografen in den umliegenden Häusern

Rummel am Checkpoint Charlie

Der Grenzübergang von Ost-Berlin aus gesehen, 1984

und vor den Augen West-Berliner Polizisten und US-Soldaten, die zwar von Leitern aus das Geschehen beobachteten, aber nicht einzugreifen wagten.

In einem Café auf der West-Berliner Seite eröffnete 1963 das private Mauermuseum, das rasch zu einer der wichtigsten Touristenattraktionen wurde und mittlerweile drei Häuser einnimmt. Sehenswert sind vor allem die vielen originalen Fluchtobjekte, die den Einfallsreichtum all derer dokumentieren, die den Weg in die Freiheit suchten. Umfunktionierte Benzintanks und Lautsprecher, falsche Uniformen und Pässe, ein Mini-U-Boot, ein Heißluftballon oder selbstgebaute Motordrachen – der Kreativität waren keine Grenzen gesetzt, wenn es darum ging, aus der DDR zu entkommen oder anderen zur Flucht zu verhelfen.

Das Kontrollhäuschen der westlichen Alliierten in der Straßenmitte ist eine Nachbildung aus dem Jahr 2000, das Original wurde gleich 1990 abgebaut. Als Foto-Objekte stehen stets junge Männer in historischen Armeeuniformen bereit. Überhaupt herrscht hier ein riesiger Rummel, ganz in der Nähe, in der Zimmerstraße, werden sogar Stadtrundfahrten angeboten, bei denen man selbst einen Trabant steuern kann (Trabi-Safari, www.trabisafari.de).

Einen Besuch wert ist auch die Ausstellung der Behörde des Bundesbeauftragten für die Unterlagen der Stasi, in der Zimmerstraße 90/91 (www.bstu.bund.de). Sie bietet einen kompakten Überblick über die Ideologie, Struktur und Arbeitsweise der Stasi und macht diese durch Fallbeispiele anschaulich. Auf einer Karte sind zum Beispiel die konspirativen Wohnungen im Prenzlauer Berg eingezeichnet – erschreckend viele!

Die Flucht über die Grenze

Längs des „antifaschistischen Schutzwalls", wie die Berliner Mauer seitens der DDR-Behörden genannt wurde, hatten Grenzsoldaten Befehl, auf Flüchtlinge scharf zu schießen. Dennoch gelang knapp 40 000 Menschen zwischen 1961 und 1989 die Flucht aus der DDR in den Westen – den allermeisten von ihnen allerdings bis 1962 (Foto: Bernauer Straße). Zahreiche West-Berliner wurden zu Fluchthelfern von Freunden, Verwandten oder auch – gegen Bezahlung – von Fremden. Über 200 Menschen haben bei Fluchtversuchen ihr Leben verloren.

„Ab sofort“: Pressekonferenz zur Ausreiseverordnung am 9. November 1989

November 1989. Das Volk demonstriert auf den Straßen gegen Staat und Partei oder flüchtet über die Tschechoslowakei und Ungarn in den Westen. Endlich haben die Reformer in der SED-Führung die Macht übernommen und versuchen verzweifelt, Dampf aus dem Kessel DDR zu lassen, u.a. mit einer neuen Ausreiseverordnung. Am Nachmittag des 9. November winkt das Politbüro den Vorschlag des Innenministeriums durch, um ihn vom Ministerrat prüfen zu lassen. Wenig später gibt SED-Chef Krenz dem gelernten Journalisten und Ersten Sekretär der Berliner SED Günter Schabowski, den das neue Politbüro zu seinem Sprecher ernannt hat, einen Zettel und bittet ihn, die neuen Regelungen, an denen man arbeite, am Abend in der Pressekonferenz bekannt zu geben. Schabowski, der bei der Sitzung nicht anwesend war, erklärt vor den Live-Kameras des DDR-Fernsehens und den versammelten Journalisten aus dem Ausland: „Wir haben uns dazu entschlossen, heute eine Regelung zu treffen, die es jedem Bürger der DDR möglich macht, über Grenzübergangspunkte der DDR auszureisen.“ Dann referiert er den Entwurf, überliest aber in der Eile, dass die neuen Regelungen vom Ministerrat noch gar nicht beschlossen sind. Auf die Nachfrage eines Journalisten, wann die Regelung in Kraft trete, antwortet Schabowski irritiert: „Nach meiner Kenntnis … ist das sofort, unverzüglich.“ Zwar hat er gerade vorgelesen, dass „die zuständigen Abteilungen der Volkspolizei angewiesen“ seien, „Visa zur ständigen Ausreise unverzüglich zu erteilen“. Doch diese Sätze gehen unter. Dann beendet Schabowski die Pressekonferenz rasch, da er zu einem Interview verabredet ist. Tausende DDR-Bürger machen sich währenddessen schon auf den Weg zur Mauer, wo wenige Stunden später an der Bornholmer Straße die Grenzsoldaten den ersten Übergang öffnen. Die Mauer ist gefallen.

Internationales Pressezentrum

Bundesjustizministerium, Mohrenstraße 36

Der Ort, an dem Günter Schabowski am 9. November 1989 die schicksalsträchtige Pressekonferenz gab, in deren Folge die Mauer fiel, war der Saal des Internationalen Pressezentrums der DDR in der Mohrenstraße. Heute ist das Gebäude Teil des Bundesjustizministeriums. Der Pressesaal war ein späterer Einbau im Hof. 1997 wurde er abgerissen, weil er die umliegenden Büros verschattete. Sein Mobiliar kam ins Haus der Geschichte in Bonn. Eine „Installation“ hinter dem großen Glasfenster erinnert an die historische Stunde.

Leipziger Straße

Man kann es sich nicht mehr vorstellen: Die Leipziger Straße war einst die Haupteinkaufsstraße Berlins mit zahlreichen Kaufhäusern – an der Spitze, von Renommee und Lage her, das Kaufhaus Wertheim am Leipziger Platz. Beiderseits der weitgehend kriegszerstörten Straße wurden 1969–79 große Wohnblöcke mit bis zu 25 Geschossen hochgezogen. Sie sollten auch als Blickschutz gegen das Hochhaus des Axel-Springer-Verlags („Bild", „Berliner Morgenpost", „Hörzu") direkt südlich der Mauer dienen. Inzwischen sind die Häuser neu verkleidet, doch das Stadtgefüge mit den flachen Versorgungsbauten zwischen den Hochhäusern blieb erhalten. So problematisch man die Anlage stadtplanerisch finden mag – während in den meisten Großstädten die Bewohner durch Büros aus dem Zentrum verdrängt werden, gab und gibt es im Zentrum Berlins tatsächlich viele erschwingliche Wohnungen.

Plattenbau an der Leipziger Straße

Fischerinsel

Wer schlafend auf die Fischerinsel gebracht wird und dort aufwacht, wird sich in Marzahn oder einem anderen Stadtrandviertel wähnen, aber nicht im Zentrum Berlins. Dabei hatten hier, im urtümlichsten Winkel der Stadt, zahlreiche barocke Wohnhäuser in wiederaufbaufähigem Zustand den Krieg überstanden. Ja, die Denkmalpfleger kümmerten sich bereits um die ersten Bauten. Doch Wohnraum war wichtiger im Ost-Berlin der späten 1960er Jahre. Und so räumte man die gesamte Fischerinsel ab und errichtete sechs Punkthochhäuser sowie einige niedrige Versorgungseinrichtungen, darunter die charmante Schwimmhalle Fischerinsel. Ein Neubau war besonders anspruchsvoll: die Selbstbedienungsgaststätte für die umliegenden Behörden und Ministerien an der Ecke Gertraudenstraße/Fischerinsel, wegen ihrer ungewöhnlichen, gefalteten Dachkonstruktion „Ahornblatt"

Abgerissen: Die Großgaststätte „Ahornblatt" auf der Fischerinsel, 1977

genannt. Ihr Inneres war großzügig bemessen – zu großzügig für die freie Marktwirtschaft: Nach 1991 fand sich kein Betreiber mehr. 1999 wurde der Denkmalschutz aufgehoben, im Jahr 2000 begann der Abriss.

Märkisches Ufer

Als Ausgleich für den Verlust der historischen Fischerinsel bastelten sich die Ost-Berliner Stadtplaner direkt gegenüber eine pseudo-historische „Traditionsinsel": das Märkische Ufer. Nur die Häuser Nr. 16 und 18 standen schon im 18. Jahrhundert hier, die Häuser Nr. 10 und 12 brachte man aus der Breite Straße bzw. vom gegenüberliegenden Ufer hierher; die ehemals höheren Häuser Nr. 14 und 20 aus dem 19. Jahrhundert wurden zurückgebaut.

Münze / Kulturministerium

Molkenmarkt 1/2

„Auferstanden aus Ruinen und der Zukunft zugewandt" – der Text der DDR-Hymne ist das bekannteste Werk Johannes R. Bechers, das übrige Schaffen des schon in den 1930er Jahren berühmten Schriftstellers ist heute weitgehend vergessen. Der politisch aktive Intellektuelle wurde nach seiner Rückkehr aus dem sowjetischen Exil Präsident des Kulturbundes der Deutschen Demokratischen Republik, Präsident der Akademie der Künste und 1954 erster Minister für Kultur im Arbeiter- und Bauernstaat. Bis kurz vor seinem Krebstod 1958 amtierte er, wie all seine Nachfolger, im ehemaligen Verwaltungsgebäude der Münze am Molkenmarkt. Das Gebäude stammt von 1937 und ist geschmückt mit der Kopie des Frieses, die Gottfried Schadow um 1800 für die alte Berliner Münze schuf. Im langgezogenen Spreeflügel des NS-Baus wurden ab den 1950er Jahren alle DDR-Münzen und ab 1990 D-Mark und Pfennige bzw. Euros und Cents mit dem Buchstaben A geprägt. 2005 wurde die Berliner Münzstätte nach Reinickendorf verlegt.

Neue „Altstadt": Nikolaiviertel, 1986

Nikolaiviertel

Die weitgehend kriegszerstörte Keimzelle Berlins, das Viertel um die gotische Nikolaikirche, ließen Ost-Berlins Stadtplaner lange Zeit links liegen, sofern sie nicht sogar vorschlugen, das ganze Areal in einem See verschwinden zu lassen. Erst Ende der 1970er Jahre entstand die Idee, bis zur 750-Jahr-Feier Berlins 1987 eine Art Altstadt zu rekonstruieren. Seit 1981 wuchs auf dem historischen Straßenplan rings um die Nikolaikirche, die man als Museum wiederherstellte, eine bunte Mischung aus restaurierten Altbauten, detailgenauen „Adaptionen Alt-Berliner Bürgerhäuser" und modernen Plattenbauten mit historischen Anklängen. „Moderne Wohnhäuser für 1580 Einwohner", 33 Läden und Boutiquen sowie 22 Gaststätten und „museale Einrichtungen" zählte das Viertel, das bei den Ost-Berlinern schnell beliebt wurde, heute aber überwiegend von Touristen frequentiert wird. Die Interieurs der meisten Restaurants und Cafés sind noch aus DDR-Zeiten erhalten.

Blick über die Spree auf das Nikolaiviertel

Marx-Engels-Forum

Schon vor den Zerstörungen des Zweiten Weltkriegs war vom mittelalterlichen Berlin nicht mehr viel übrig. Die sozialistischen Stadtplaner aber setzten sich nun auch über den historischen Stadtgrundriss hinweg. Um das Rote Rathaus und die Marienkirche herum entstand eine völlig neue Stadt mit großen Wohnblöcken, einem Fernsehturm und weiten Freiflächen. Die Rathausstraße wurde als „Flaniermeile" gestaltet, der Autoverkehr auf breite Straßen nördlich und südlich umgeleitet. Wobei die mehrspurigen Magistralen angesichts der überschaubaren Zahl an Autos der Marken Trabant, Wartburg und Lada, die sie täglich befuhren, nie ausgelastet wirkten.

Aufstellung der Marx-Engels-Skulptur, 1986

Ursprünglich sollte am Ostufer der Spree ein Regierungshochhaus entstehen. Einzig Hermann Henselmann, der wohl bedeutendste DDR-Architekt, schlug beim Hauptstadtwettbewerb 1959 vor, einen Fernsehturm ins Zentrum zu setzen – eine absurde Idee, die die Jury sofort aussortierte. Sechs Jahre später begann der Bau des Turms, der

Marx-Engels-Forum mit Palast der Republik (links) und Palasthotel (rechts), 1987

Hochhausplan verschwand in der Schublade. 1986 konnte endlich die Neugestaltung des zentralen Bereichs mit dem Marx-Engels-Forum abgeschlossen werden, das „vom Sieg der Ideen der Begründer des wissenschaftlichen Kommunismus auf deutschem Boden künden" sollte. Die Anlage mit den bronzenen Statthaltern der beiden Urväter des real existierenden Sozialismus im Zentrum wirkt erfreulich pathosfrei. Stahlstelen und mehrere Reliefs versinnbildlichen die historischen Erfolge des Marxismus.

Stadthaus / Ministerrat

Senatsverwaltung für Inneres und Sport, Jüdenstraße 34–42

Das Stadthaus, ein stattlicher muschelkalkverkleideter Bürobau mit einem 101 Meter hohen Turm, entstand 1902–11 als Erweiterung des Rathauses. Seit 1961 diente es als Regierungssitz der DDR. Seiner Bedeutung nach war dies aber nicht das Pendant zum Bonner oder heutigen gesamtdeutschen Kanzleramt. Der Ministerrat leitete laut DDR-Verfassung „die einheitliche Durchführung der Staatspolitik und organisiert(e) die Erfüllung der politischen, ökonomischen, kulturellen und sozialen sowie der ihm übertragenen Verteidigungsmaßnahmen". Er war also verantwortlich für die praktische Umsetzung dessen, was die Partei (durch ZK und Politbüro) entschieden hatte. Dem Ministerrat der DDR gehörten nicht nur die rund 30 Minister an, sondern auch die Leiter der Staatsbank und der Plankommission, die Staatssekretäre eigenständiger Sekretariate (z.B. für Kirchenfragen) und sogar der Oberbürgermeister von Berlin, Hauptstadt der DDR – 1987 insgesamt 45 Personen. Einen Ministerpräsidenten hatte die DDR nach dem Tod ihres ersten Regierungschefs Otto Grotewohl 1964 nicht mehr. Die DDR-Oberen bevorzugten längere Titel. Vorsitzende des Ministerrates der Deutschen Demokratischen Republik waren Willi Stoph 1964–73 und 1976–89, Horst Sindermann 1973–76 und Hans Modrow 1989–90. Erst Lothar de Maizière, der einzige frei gewählte Regierungschef der DDR, trug von April bis Oktober 1990 wieder den Titel Ministerpräsident.

Stadthaus am Molkenmarkt

Seinen bedeutendsten Moment erlebte das Gebäude wohl am 21. Dezember 1972, als im Festsaal die Staatssekretäre Egon Bahr (West) und Michael Kohl (Ost) den Grundlagenvertrag zwischen beiden deutschen Staaten unterzeichneten – er sorgte für eine bedeutende Entspannung zwischen DDR und BRD. Der Festsaal wurde 1999 wieder in den Vorkriegszustand zurückgeführt. Das Stadthaus ist heute Sitz des Innensenators.

Neues Stadthaus / Magistrat

Bezirksverwaltung Berlin-Mitte, Parochialstraße 1–3

Weil das Rote Rathaus nach Kriegsschäden noch nicht wiederhergestellt war, tagte die im Oktober 1946 demokratisch gewählte Stadtverordnetenversammlung im Neuen Stadthaus, einem schmucklosen Bürobau aus der NS-Zeit. Hier amtierte auch der Magistrat von Groß-Berlin, wie es seit 1920 und östlich der Mauer noch bis 1977 hieß. Man ließ erst dann den Anspruch, die ganze Stadt zu vertreten, offiziell fallen und firmierte fortan als „Berlin, Hauptstadt der DDR". Das widersprach übrigens den alliierten Bestimmungen, nach denen Berlin einen Sonderstatus innehatte.

Probleme zwischen Ost und West gab es früh. Im April 1947 wählte die Stadtverordnetenversammlung den SPD-Politiker Ernst Reuter zum Oberbürgermeister, doch der sowjetische Stadtkommandant legte sein Veto ein, und so übernahm Bürgermeisterin Louise Schroeder die Geschäfte. Zum Bruch kam es 1948. Ein Ost-Berlin-Führer von 1987 fasst die Geschehnisse folgendermaßen zusammen: „Am 16. Juni bringt der amerikanische Stadtkommandant die Alliierte Kommandantur [das Vier-Mächte-Gremium für ganz Berlin] zum Scheitern, vier Tage später wird in den Westsektoren eine separate Währung eingeführt. Die Spaltung der Stadt wird durch Lahmlegung der einheitlichen Verwaltung nach Abzug von Magistratsdienststellen nach Westberlin vollendet. Auf Grund von Protesten der Bevölkerung wird die Absetzung des bisherigen Magistrats wegen Verletzung der Lebensinteressen der Stadt und Missachtung der Verfassung Berlins verlangt. Am 30. November konstituiert sich ein neuer Magistrat, zu dessen Oberbürgermeister Friedrich Ebert gewählt wird. In den Westsektoren werden getrennte Wahlen durchgeführt, und dort wird Ernst Reuter zum Leiter eines Magistrats, der Westberlin zur ‚Frontstand im kalten Krieg' macht."

Aus West-Sicht waren es die sowjetischen Vertreter gewesen, die den Alliierten Kontrollrat (der für ganz Deutschland zuständig war und im Berliner Kammergericht am Kleistpark tagte) und die Alliierte Kommandantur (zuständig für Berlin, sie saß in Dahlem im heutigen Präsidialamt der FU) verlassen und damit die Vier-Mächte-Verwaltung gesprengt hatten. Zudem hatte die sowjetische Militäradministration im Streit um die Einführung der (westlichen) D-Mark in West-Berlin am 24. Juni 1948 alle Zufahrtswege nach West-Berlin abgeriegelt – die Alliierten initiierten daraufhin eine Luftbrücke, über die sie fast elf Monate lang die Inselstadt versorgten.

In dieser aufgeheizten Stimmung verhinderten nun Ende August Demonstranten eine Sitzung der Stadtverordnetenversammlung. Am 6. September fanden die Abgeordneten gar den Saal besetzt, woraufhin Parlamentspräsident Otto Suhr die Sitzung auf den Abend und ins Studentenhaus der Technischen Hochschule am Steinplatz verlegte. Dort erschienen dann auch alle Abgeordneten – bis auf die der SED. Weil sich die Ost-Berliner Polizei außerstande erklärte, die Sicherheit der Abgeordneten zu gewährleisten, tagte das Stadtparlament fortan im Rathaus Schöneberg, ohne die SED-Fraktion. Die SED lud ihrerseits zu einer außerordentlichen Stadtverordnetenversammlung am 30. November in den Admiralspalast, wo ein neuer Magistrat mit dem Oberbürgermeister Friedrich Ebert eingesetzt wurde. Die für Gesamt-Berlin geplanten freien Wahlen fanden im Dezember nur im Westteil statt: Die SPD gewann mit 64 Prozent der Stimmen. Zwei Tage später wurde Ernst Reuter zum Oberbürgermeister von West-Berlin gewählt.

Bis 1955 amtierten Ost-Berlins Oberbürgermeister Ebert und sein Magistrat im Neuen Stadthaus, anschließend wurde es vom Bezirk Mitte genutzt.

Berliner Rathaus (Rotes Rathaus)

Sitz des Regierenden Bürgermeisters und des Senats, Rathausstraße 15

Das Berliner Rathaus war seit 1955 Sitz des Oberbürgermeisters von Groß-Berlin, ab 1977 von Berlin, Hauptstadt der DDR. Seit 1991 amtiert hier der Regierende Bürgermeister des wiedervereinigten Berlin. Äußerlich wurde der 1870 eingeweihte Bau nach dem Zweiten Weltkrieg „historisch getreu“ wiederaufgebaut, die repräsentativen Säle aber wurden in den

Berliner Rathaus und die Ruine der Nikolaikirche (rechts), 1977

frühen 1950er Jahren neu gestaltet. Das prächtige historistische Treppenhaus wartet überraschenderweise mit „sozialistischen Glasfenstern" auf.

Fernsehturm

Panoramastraße 1a, www.tv-turm.de

DDR-Wahrzeichen Fernsehturm, 1973

Vor 600 Jahren duckten sich im Schatten der stattlichen Marienkirche kleine Fachwerkhäuser an engen Straßen – hier wohnten die Handwerker und Händler, die Hausfrauen und Kinder des mittelalterlichen Berlin. Heute wirkt das gotische Gotteshaus geradezu klein angesichts der großdimensionierten Umgebung. Ab 1965 wurde (fast) alles, was den Krieg überstanden hatte, abgeräumt. Es entstand ein großzügiges Forum mit dem eleganten „Fernseh- und UKW-Turm" im Zentrum. Der dürfte nicht nur der einzige seiner Art mitten im Kern einer Stadt sein, sondern auch der einzige, der wächst: War er ursprünglich 365 Meter hoch – so viele Meter, wie das Jahr Tage hat –, misst er dank einer neuen Antenne heute drei Meter mehr. Eröffnet wurde er am 7. Oktober 1969, am 20. Jahrestag der Gründung der DDR. Auf 207 Meter Höhe wird man an seinem Tisch im „Telecafé" langsam um die Turmachse herumbewegt. Ein Geschoss tiefer kann man die Aussicht genießen, ohne fortgedreht zu werden. In den übrigen fünf Geschossen im Turmknauf sind Sendeanlagen für Rundfunk und Fernsehen untergebracht.

Jungpoiniere am Fuße des Turms, 1989

1972 kam die Umbauung hinzu, in der Ausstellungsflächen, „ein Tanzcafé, ein Speiserestaurant, eine Selbstbedienungsgaststätte und andere gastronomische Einrichtungen" Platz fanden. Vor dem Turm sprudeln bis heute die größten Wasserspiele der Stadt.

Rings um die ausgedehnten Freiflächen entstanden 1300 Wohnungen in 42 Meter hohen Baublöcken, dazu in den unteren Geschossen Dienstleistungs- und Verkaufseinrichtungen wie „Das internationale Buch", ein „Mekka der lesefreudigen Berliner", Freizeitangebote wie Bowlingbahnen, auf denen man allerdings ohne Vorbestellung kaum zum Wurf kam, und gastronomische Einrichtungen. Der mittlerweile abgerissene „Alextreff" zum Beispiel, der tagsüber als „Betriebsgaststätte der Versorgung von Mitarbeitern umliegender Institutionen" diente, war „abends beliebter Treff der Jugend".

Brunnen mit Centrum-Warenhaus, 1985
Alexanderplatz mit Weltzeituhr

Alexanderplatz

„Quirlendes Leben erfüllt ihn, das Zentrum im Zentrum", schwärmt in den 1980er Jahren ein Bildband der Berlin-Information vom Alexanderplatz. „Man kommt her, um sich zu treffen, einzukaufen, zu speisen, im Reisebüro zu buchen, zu sehen und gesehen zu werden."

Schon vor dem Zweiten Weltkrieg war der Alexanderplatz Einkaufszentrum und Verkehrsknotenpunkt der östlichen Stadtteile Berlins gewesen. Durch „anglo-amerikanische Bombenangriffe" in Schutt und Asche gelegt, erfolgte ab 1964 eine komplette Neugestaltung des beträchtlich erweiterten Platzes – nur die beiden modernen Vorkriegsbauten auf der Westseite ließ man stehen. Das „dynamische Ensemble" aus Centrum-Warenhaus, dem 37-stöckigen Interhotel „Stadt Berlin" und einem Flachbau für gastronomische Einrichtungen wurde eingefasst von Bürobauten wie dem 220 Meter langen Haus der Elektroindustrie auf der Ostseite, dem Haus des Reisens, Sitz des DDR-Reisebüros, oder dem 17-geschossigen Haus des Berliner Verlages, des größten ostdeutschen Zeitungs-

Fries am Haus des Lehrers

und Zeitschriftenverlags. Zum neuen Mittelpunkt des Platzes wurde der Brunnen der Völkerfreundschaft.

Am „Alex" schaute man sich im größten Kaufhaus der Republik die neuen Angebote an, hier aß man Broiler, Grilletta oder Ketwurst, und hier traf man sich an der Weltzeituhr, einer „interessanten, zehn Meter hohen Stahlkonstruktion, ausgestattet mit künstlerischen Elementen aus geätztem Aluminium und farbiger Emaille". „Der Berliner liebt diesen Platz", fasst besagter Bildband zusammen. „Er erscheint so ausdrucksstark und gegenwärtig."

Leider, ist man da fast geneigt zu sagen, zeigt der Alex heute wieder ein neues Gesicht. Er wurde durch Zubauten wesentlich verkleinert, auch fährt, wie zu Vorkriegszeiten, wieder die Straßenbahn mitten hinüber. Und auch das Centrum-Warenhaus hat seine charakteristische Waben-Fassade verloren und wurde beträchtlich vergrößert. Immerhin blieben der 125 Meter lange Mosaikfries „Unser Leben" am Haus des Lehrers (von Walter Womacka, 1964) und das Relief am Haus des Reisens erhalten – beide Werke seien Freunden sozialistischer Kunst wärmstens ans Herz gelegt.

Vergessen sei aber auch nicht die größte Demonstration, die die DDR je erlebte. Hundertausende

Berolinahaus vor Centrum-Warenhaus, 1980
Sozialistisches Bauen: Alexanderplatz, 1972

zogen am 4. November 1989 friedlich durchs Zentrum Ost-Berlins, die Abschlusskundgebung fand am Abend auf dem Alex stand. Unter den zahlreichen Künstlern, die für die Demonstranten sprachen, war auch die Schriftstellerin Christa Wolf. Sie sagte: „Was bisher so schwer auszusprechen war, geht uns auf einmal frei von den Lippen. Wir staunen, was wir offenbar schon lange gedacht haben und was wir uns jetzt laut zurufen: ‚Demokratie – jetzt oder nie!', und wir meinen Volksherrschaft." Die Menschen gingen friedlich auseinander mit der Zuversicht, es habe sich etwas grundlegend geändert in der DDR – und dies sei erst der Anfang.

1. Berliner DDR-Motorrad-Museum

Rochstraße 14c, www.erstesberliner-ddr-motorradmuseum.de

Motorrad-Museum

Auch hier öffnet sich ein Blick in den DDR-Alltag: In zwei S-Bahn-Bögen präsentiert ein passionierter Privatsammler rund 150 Motorräder, Roller und Mopeds aus DDR-Produktion – handelsübliche Maschinen, aber auch Rennmaschinen und Sonderfahrzeuge wie ein Motorrad aus der Eskorte Erich Honeckers. An den Wänden hängen Werbefotos aus DDR-Zeiten, dazu laufen Filme aus den 1970er und 1980er Jahren.

DDR Museum

Karl-Liebknecht-Straße 1, www.ddr-museum.de

Museum über das Leben in der DDR

Keine historische Stätte, aber doch ein Ort, den man nicht versäumen sollte, ist das DDR Museum am Spreeufer gegenüber dem Dom, das sich seit 2006 zu einem Renner für Berlin-Touristen entwickelt hat. Hier wird das Alltagsleben der DDR mit Witz und Phantasie, anschaulich und möglichst

wenig belehrend aufbereitet. Und doch lernt und erfährt man eine Menge, denn die Präsentation ist wissenschaftlich fundiert erarbeitet und weder von Ostalgie noch von plakativer Betroffenheit über die Unterdrückung der DDR-Bürger durch ihren Staat geprägt.

Zudem darf man als Besucher selbst aktiv werden: Da gibt es Schubladen zum Aufziehen und Schranktüren zum Aufmachen, hinter denen echte Kleider hängen, und sogar einen echten Trabant, in den man sich reinsetzen darf. Dreht man den Zündschlüssel, leiert der Motor eine Weile und springt dann an – wenn auch nur vom Band. Und dann geht's los auf große Fahrt durch eine Plattenbausiedlung, sichtbar gemacht über einen Videobildschirm. In einer dunklen Ecke darf man sich wie ein Stasi-Spitzel beim Belauschen eines Staatsfeindes fühlen. Etwas weiter sind ein Wohnzimmer aus dem Plattenbau, eine Toilettennische und eine Küchenzeile aufgebaut. Und im Fernseher laufen „Ein Kessel Buntes", „Willi Schwabes Rumpelkammer" und „Der schwarze Kanal".

Die Ausstellung ist thematisch aufgebaut nach Bereichen wie Verkehr, Jugend, Urlaub, Arbeit, Mode, Presse. Der zweite Teil widmet sich „ernsteren" Themen wie dem Stasi-Terror (mit einer nachgebauten Verhörzelle), der Ideologie, dem Militär, der Opposition. Hier sind eine alte Druckmaschine, die einst von der Opposition genutzt wurde, und ein Volvo 264 aus dem Fuhrpark des Ministerrats zu bewundern. Und im Hintergrund läuft diskret die Nationalhymne der DDR.

Eine weitere Attraktion ist das Restaurant, in dem es Broiler und Soljanka gibt. Geführt wird es vom ehemaligen Sous-Chef des Palasthotels.

Palasthotel, 1988

Palasthotel

Am Standort des DomAquarées, Karl-Liebknecht-Straße 5

Das 1979 eröffnete Palasthotel war ein „exquisites Fünf-Sterne-Luxus-Hotel", dessen 600 „vollklimatisierte Zimmer und Appartements" ausschließlich Gästen aus dem westlichen Ausland vorbehalten waren. Angeblich hatte die Stasi mehrere Zimmer mit versteckten Videokameras ausgestattet und setzte auch Prostituierte auf besondere Gäste an. Die meisten der zwölf Bars und Restaurants, darunter das „Jade", das „mit Besonderheiten der fernöstlichen Küche" aufwartete, standen allerdings „auch dem Stadtgast" offen. Nach der Wende wurde der stattliche Komplex zunächst modernisiert, dann aber 2001 doch abgerissen.

DER NORDEN VON MITTE
Alexanderplatz – Oranienburger Straße – Chausseestraße

ÜHNE
Franz Xaver Kroetz
Mensch Meier

Mollstraße / Otto-Braun-Straße

Nordöstlich des Alexanderplatzes entstand ab 1970 eine völlig neue Stadt, die mit dem Vorkriegsberlin nicht einmal mehr die Straßennamen gemein hatte. Mittlerweile wurden einige Häuser ersetzt oder neu verkleidet. Die stadtplanerische Struktur aber ist erhalten geblieben. Wenn man sich die neuen Geschäfte wegdenkt und im Geiste zehn Autos durch einen Trabant oder Wartburg ersetzt, bekommt man ein Gefühl vom Flair, das die neuerstandene Hauptstadt der DDR in den 1980er Jahren verströmte.

Mollstraße (vorn) kreuzt Otto-Braun-Straße, 1983

SED-Zentrale, 1951

Haus des Zentralkomitees der SED

Soho House Berlin,
Torstraße 1

Gebaut wurde das spätere Haus des ZK als Kaufhaus Jonass, ab 1934 lenkte die Reichsjugendführung von hier Millionen Mitglieder von Hitlerjugend und Bund Deutscher Mädel auf die schiefe Bahn. 1946 zog das Zentralkomitee der SED in den stattlichen Bau an der Ecke Lothringer Straße/Prenzlauer Allee, und für 13 Jahre war dies die eigentliche Machtzentrale des ostdeutschen Staates. Hier amtierten die bis 1954

Soho House Berlin an der Kreuzung Torstraße / Prenzlauer Allee

paritätischen Parteivorsitzenden Wilhelm Pieck und Otto Grotewohl, doch es ist bezeichnend, dass das Haus seit 1949 (und bis 1994) die Adresse Wilhelm-Pieck-Straße 1 führte. Der starke Mann der DDR war jedoch nicht der gelernte Tischler und Reichstagsabgeordnete Pieck, der die KPD seit 1935 führte, sondern bis zu seiner weitgehenden Entmachtung 1971 Walter Ulbricht; seine Diensträume als Generalsekretär, ab 1953 Erster Sekretär des ZK der SED befanden sich ebenfalls hier. Um Ulbrichts Nachruhm war es jedoch schlecht bestellt: Noch zu Lebzeiten musste er sehen, wie Volkseigene Betriebe, Sportstätten und gesellschaftliche Einrichtungen nach und nach auf den „ehrenden" Beinamen Ulbricht verzichteten. Stattdessen wurden unter Honecker, der um sich selbst keinen solchen Personenkult initiierte, Pieck und Grotewohl als Führungsfiguren der frühen DDR herausgestellt. Bis 1989 bewahrte man Piecks Arbeitszimmer im dritten Stock im originalen Zustand. Nach 1959 wurde das Haus vom Institut für Marxismus-Leninismus beim Zentralkomitee der SED bezogen, es gab u.a. die Marx-Engels-Gesamtausgabe heraus.

Schräg gegenüber, an der Kleinen Alexanderstraße 28, liegt das Karl-Liebknecht-Haus, 1926–33 Sitz des ZK der KPD mit Ernst Thälmann an der Spitze. Die Nationalsozialisten benannten den Bau in Horst-Wessel-Haus um, zu DDR-Zeiten wurde es vom Institut für Marxismus-Leninismus genutzt. Es ist seit 1990 die Parteizentrale der PDS, seit 2007 der Partei Die Linke.

Volksbühne

Rosa-Luxemburg-Platz 1, www.volksbuehne-berlin.de

Die Volksbühne heute …

Die anarchisch-innovative Intendanz Frank Castorfs seit 1992 brachte der Volksbühne eine neue Glanzzeit. Sternstunden gab es hier aber schon zu DDR-Zeiten, vor allem bei Inszenierungen des zeitweiligen Intendanten Benno Besson. Das Gebäude gilt gemeinhin als Werk des berühmten Theaterarchitekten Oskar Kaufmann von 1913/14, doch wurde das Äußere beim Wiederaufbau 1952–54 vereinfacht und dadurch wuchtiger gestaltet, und die Foyers und Säle bieten reinstes 1950er-Jahre-Interieur. Der große Saal ist in seiner Form ohne Logen und Ränge angelehnt an das Vorkriegsoriginal.

… und in den 1980er Jahren

Monbijoupark

Oranienburger Straße

Ein schwer kriegsbeschädigtes, aber keineswegs hoffnungslos zerstörtes Schloss der Königsfamilie abzutragen und stattdessen, in bester Lage im Herzen der Hauptstadt, ein Schwimmbad fürs Volk zu erbauen ist eine wahrhaft sozialistische Idee! Umgesetzt wurde sie 1960, das Schloss war immerhin einmal Wohnsitz der Königin Friederike Luise gewesen und hatte später als Hohenzollern-Museum gedient. Das Schwimmbad ist heute ein Kinderbad.

Wohnung Wolf Biermann

Chausseestraße 131

Hier könnte der oscargekrönte Film „Das Leben der anderen" sein reales Vorbild gehabt haben: Der Liedermacher Wolf Biermann galt bis zu seiner Ausbürgerung 1976 als einer der wortmächtigsten und darum gefährlichsten Kritiker der DDR. 1965 verhängte die SED ein totales Auftritts- und Veröffentlichungsverbot gegen ihn, und so nahm er 1968 heimlich eine Platte in seiner Wohnung auf, die dann nur in Westdeutschland erschien und den schlichten Namen „Chausseestraße 131" trug. Die Wohnung im zweiten Stock war ein Treffpunkt kritischer Geister in der DDR, wie sich überhaupt die „kulturpolitische Opposition" der 1960er und 1970er Jahre im privaten Kreise traf. Erst seit den späten 1970ern bot die Kirche den Oppositionellen andere Schutzräume. 1976 wurde Biermann während einer Konzertreise durch die Bundesrepublik ausgebürgert. Zahlreiche Künstler protestierten gegen die Entscheidung und bekamen daraufhin massive Schwierigkeiten von Seiten der Behörden. Dem mehrfachen „Fernsehliebling" Manfred Krug etwa wurde keine einzige Rolle mehr angeboten, Jurek Beckers Filmdrehbücher wurden allesamt abgelehnt, und Stephan Heym durfte nicht mehr veröffentlichen. Zahlreiche Künstler verließen nach 1976 die DDR, auch Biermanns Stieftochter Nina Hagen, die einige ihrer Jugendjahre in der Chausseestraße 131 verbrachte.

Emil-Fischer-Hörsaal

Hessische Straße 1/2

„Sozialismus ist ohne Demokratie nicht zu verwirklichen" – ein Satz, der 1963 in der DDR wie eine Bombe einschlug. Gesagt hatte ihn der Chemie-Professor und Nationalpreisträger Robert Havemann, der als SED-Mitglied immerhin 14 Jahre lang Abgeordneter der Volkskammer gewesen war. Im Wintersemester 1963/64 hielt er im Chemie-Institut der Humboldt-Universität allwöchentlich vor 1200 Studenten seine Vorlesungsreihe über „Naturwissenschaftliche Aspekte philosophischer Probleme". Seine Vorlesungstexte wurden in Westdeutschland veröffentlicht und kursierten auch in der DDR, und bald galt Havemann als prominentester und wirkungsmächtigster Dissident der DDR. Er wurde aus der Partei und der Akademie der Wissenschaften ausgeschlossen, erhielt Berufsverbot und stand 1976–79 sogar unter Hausarrest. Dennoch verließ er die DDR nicht, sondern schrieb bis zu seinem Tod 1982 von innen gegen die Verhältnisse an – seine Texte wurden nach Westdeutschland geschmuggelt und dort

Einstmals Ort der Havemann-Vorlesungen

veröffentlicht. Bezeichnenderweise gründete sich die wichtigste Oppositionsbewegung der späten DDR, das Neue Forum, am 9./10. September 1989 in Havemanns Haus in Grünheide bei Erkner.

Wohnung Bertolt Brecht/Helene Weigel und Dorotheenstädtischer Friedhof

Chausseestraße 125, www.adk.de/de/archiv/gedenkstaetten

Seit 1953/54 lebten der Schriftsteller Bertolt Brecht und die Schauspielerin und Theaterintendantin Helene Weigel in diesem Haus, er im ersten, sie zunächst im zweiten Stock, später im Erdgeschoss. Zu Brechts 80. Geburtstag 1978 wurde seine Wohnung als Gedenkstätte eröffnet – hier hat sich das originale Flair der 1950er Jahre erhalten.

Brecht ist heute der prominenteste Künstler der DDR-Zeit. In den 1950er Jahren war er jedoch nur einer von mehreren großen Namen, die aus dem Exil nicht nach West-, sondern nach Ostdeutschland – und das bedeutete fast immer nach Ost-Berlin – zurückkehrten, darunter Arnold Zweig, Anna Seghers, Johannes R. Becher und Hanns Eisler. Sie alle übernahmen bedeutende Funktionen in den ersten Jahren der DDR, sie alle sind auf dem Dorotheenstädtischen Friedhof beigesetzt, wo sich auch die Gräber der Philosophen Hegel und Fichte und des Architekten Schinkel befinden. Auch Heinrich Mann liegt hier begraben, der Autor von „Der Untertan". 1949 wurde er zum Präsidenten der ostdeutschen Akademie der Künste gewählt, doch er starb noch vor seiner Rückkehr 1950 in Los Angeles. Auch bedeu-

Brecht-Weigel-Gedenkstätte nahe des Dorotheenstädtischen Friedhofs

tende DDR-Künstler der nächsten Generation fanden ihre letzte Ruhe auf dem Dorotheenstädtischen Friedhof, darunter Heiner Müller, Stephan Hermlin, Ruth Berghaus und Paul Dessau.

Ständige Vertretung der Bundesrepublik bei der DDR

Bundesministerium für Bildung und Forschung, Hannoversche Straße 30

Erst 1974 nahmen die beiden deutschen Staaten formelle diplomatische Beziehungen miteinander auf. Ausland war das jeweils andere Deutschland aber weiterhin nicht, und darum gab es auch keine Botschaften, sondern „Ständige Vertretungen" in Bonn bzw. Ost-Berlin. Die Vertretung der Bundesrepublik in der DDR wurde 1974 in einem Haus angesiedelt, das einige Jahre leergestanden und zuvor die Bauakademie der DDR beherbergt hatte. In den von ihm selbst ausgebauten Dachateliers hatte Hans Scharoun unmittelbar nach dem Zweiten Weltkrieg mit seinen Mitarbeitern an ersten Wiederaufbauplänen für Berlin gearbeitet, später entstanden in diesem Dachgeschoss die wichtigsten Entwürfe für die Neugestaltung Ost-Berlins. Immer wieder flüchteten DDR-Bürger ins „Weiße Haus", um ihre Ausreise in die Bundesrepublik zu erzwingen, rund 2000 DDR-Bürgern soll das bis 1989 gelungen sein. Allein im Sommer 1989 flüchteten sich 131 Menschen in die Ständige Vertretung und verließen sie erst nach fünf Wochen wieder – mit der Zusicherung der DDR-Führung, dass ihr Ausreisewunsch wohlwollend geprüft werde.

Ständige Vertretung der BRD, 1974

Charité-Hochhaus

Luisenstraße 64

Das 1982 fertiggestellte Hochhaus der Charité ist das Wahrzeichen des ältesten und größten Berliner Krankenhauses (1710 gegründet). Ein offizieller Ost-Berlin-Führer aus dem Jahr 1977, als das Hochhaus im Bau war, zitiert Konrad Naumann, „Mitglied des Politbüros des Zentralkomitees und 1. Sekretär der Bezirksleitung Berlin der SED", mit folgenden klugen, auf einer „Aktivtagung der Bauleute" gesprochenen Worten: „Der Wunsch, gesund zu bleiben oder im Erkrankungsfall rasch und vollständig zu genesen, steht in der Rangfolge wichtiger Bedürfnisse des Menschen ganz weit vorn." Darum habe das Politbüro beschlossen, „die Leistungsfähigkeit der Charité auf weite Sicht zu erhöhen".

Charité-Hochhaus mit Koch-Denkmal, 1984

Langenbeck-Virchow-Haus/Volkskammer

Deutsche Gesellschaft für Chirurgie und Berliner Medizinische Gesellschaft, Luisenstraße 58/59

Ehem. Tagungsort der Volkskammer

Im 1915 eingeweihten Vereinshaus der Deutschen Gesellschaft für Chirurgie und der Berliner Medizinischen Gesellschaft tagte 1950–76 die Volkskammer der DDR. Vor dem Einzug wurden der Haupteingang, das Foyer und der große Versammlungssaal neu gestaltet. Am Nachbargebäude, Luisenstraße 60, prangte zu DDR-Zeiten die Inschrift: „Karl Marx, der größte Sohn des deutschen Volkes …, wohnte 1838/39 in diesem Hause."

Oberstes Gericht der DDR

Bundesministerium für Wirtschaft und Technologie, Invalidenstraße 48

1949 bezog das Oberste Gericht der DDR die ehemalige Militärärztliche Akademie. In den prächtigen Räumen, die heute vom Bundeswirtschaftsministerium genutzt werden, fanden bis Anfang der 1970er Jahre einige aufsehenerregende Schauprozesse statt, etwa gegen Fluchthelfer, gegen „Provokateure" des Aufstands vom 17. Juni 1953 und gegen den Verlagsleiter Walter Janka 1957.

Bundeswirtschaftsministerium

Mauerrest am Invalidenfriedhof

Invalidenfriedhof

Scharnhorststraße 33

Der Invalidenfriedhof war seit 1748 eine der bevorzugten Begräbnisstätten hochrangiger preußischer Soldaten. Seit 1949 bildete der angrenzende Kanal die Republikgrenze, und darum räumte man nach 1961 den westlichen Teil des Friedhofs ab und machte ihn zum Todesstreifen. Noch heute stehen Teile der Mauer mitten auf dem Friedhof. Weiter nördlich, an der Kieler Straße 2, ist noch ein Wachturm der Grenztruppen erhalten.

Stadion der Weltjugend

Am Standort der Zentrale des Bundesnachrichtendienstes, Chausseestraße

Die 1950 eröffnete Anlage war die wichtigste Sportarena Ost-Berlins. Hier absolvierte die DDR-Nationalmannschaft zahlreiche Fußball-Länderspiele, hier fand das Finale des FDGB-Pokals statt, und hier machte alljährlich die Internationale Friedensfahrt, eine Art osteuropäische Tour de France, Station. Aber auch für andere Großveranstaltungen war das 70 000 Zuschauer fassende Stadion bestens geeignet: Zweimal fanden die Weltfestspiele der Jugend und Studenten in der DDR statt, und beide Male wurden sie feierlich eröffnet und beendet in diesem Stadion. 1951 hieß es Walter-Ulbricht-Stadion, 1973 wurde es in Stadion der Weltjugend umbenannt. Dass sein Name hier und anderswo aus

FDJ-Treffen im Stadion der Weltjugend, 1989

offiziellen Bezeichnungen verschwand, musste Ulbricht noch miterleben. 1971 war der knapp 78-Jährige weitgehend entmachtet worden, immerhin durfte er bis zu seinem Tod 1973 Vorsitzender des Staatsrats bleiben. Auch der U-Bahnhof Walter-Ulbricht-Stadion wurde in Stadion der Weltjugend umbenannt, obwohl kein Ost-Berliner die Bahnsteigschilder zu sehen bekam: Der heutige Bahnhof Schwartzkopffstraße war ein Geisterbahnhof, durch den die Bahnen der West-Berliner Linie U6 ohne Halt hindurchfuhren.

Gedenkstätte Berliner Mauer

Bernauer Straße 119, www.berliner-mauer-gedenkstaette.de

Auf 155 Kilometer Länge umschloss die „Mauer" die Inselstadt West-Berlin – nur 210 Meter sind komplett erhalten. Diese Mauer war mehr als eine Mauer, sie hatte sich über die Jahre hinweg zu einem ausgeklügelten Sicherungssystem eines in der Regel 70 Meter breiten Todesstreifens zwischen zwei Mauern entwickelt. Gestalt und Funktionsweise der Grenze sind

Abriegelung der Bernauer Straße, 13. August 1961

Sprengung der Versöhnungskirche im Mauerstreifen an der Bernauer Straße, 1985

heute nur noch an der Bernauer Straße zu erkennen, wo ein letztes Stück des Grenzstreifens von zwei Stahlwänden eingefasst wird.

Die Bernauer Straße war der wohl spektakulärste Abschnitt der Mauer: Die Häuserfront auf der Südseite bildete seit der Teilung Berlins die Grenze, der Bürgersteig gehörte bereits zu West-Berlin. Am 13. August 1961 begannen Maurer, unter Aufsicht der DDR-Grenzer, Fenster und Türen der Häuser zuzumauern; die oberen Fassaden wurden später abgetragen. Erst 1980 wurden die vermauerten Fassadenreste durch die übliche Betonmauer ersetzt. Und noch 1985 wurde die neugotische Versöhnungskirche, die in den Grenzstreifen hineinragte, gesprengt. An ihrer Stelle entstand im Jahr 2000 die Kapelle der Versöhnung. Spektakuläre Fluchten von Ost nach West gelangen immer wieder durch Tunnel, die unter der Bernauer Straße hindurchgegraben wurden.

Besucherzentrum der Gedenkstätte

Ein Besucherzentrum an der Ecke zur Gartenstraße bietet Literatur zum Thema Berliner Mauer, das Dokumentationszentrum mit Aussichtsturm beleuchtet die Hintergründe und Vorgänge rund um den Mauerbau.

Im Zwischengeschoss des S-Bahnhofs Nordbahnhof erinnert eine Fotoausstellung an die „Grenz- und Geisterbahnhöfe im geteilten Berlin“.

Die Mauer

Die Berliner Mauer führte auf einer Länge von 155 Kilometern um ganz West-Berlin herum – 43 Kilometer waren es zwischen Ost- und West-Berlin (Foto oben: Heidelberger Straße 1981, Foto unten: Waldemarstraße 1980). 1961/62 bestanden die Grenzabsperrungen aus ins-gesamt etwa 12 Kilometern Mauer. Die dafür verwendeten 7200 Kubikmeter Betonplatten entsprechen der Materialmenge für den Bau von 150 Einfamilienhäusern. Hinzu kamen 137 Kilometer Stacheldrahtverhau mit 8000 bis 10 000 Kilometer Stacheldraht und ungefähr 500 000 Quadratmeter Schneisen mit Todesstreifen, Kolonnenweg und Kontrollstreifen. In der Zeit unmittelbar nach dem 13. August 1961 wurden 116 Wachtürme rund um West-Berlin errichtet, davon 32 an der innerstädtischen Grenze.

Von Oktober 1964 bis 1970 erfolgte der Ausbau der Berliner Mauer zur „modernen Grenze“. Die Anlagen wurden stets auf neuestem technischem Stand gehalten und bestanden – auf einem 50 Meter breiten Streifen gestaffelt – aus folgenden Teilen:

1. Betonplattenwand mit aufmontiertem Rohr (3,50 bis 4,20 Meter hoch) bzw. engmaschiger Metallgitterzaun (3 bis 4 Meter hoch)

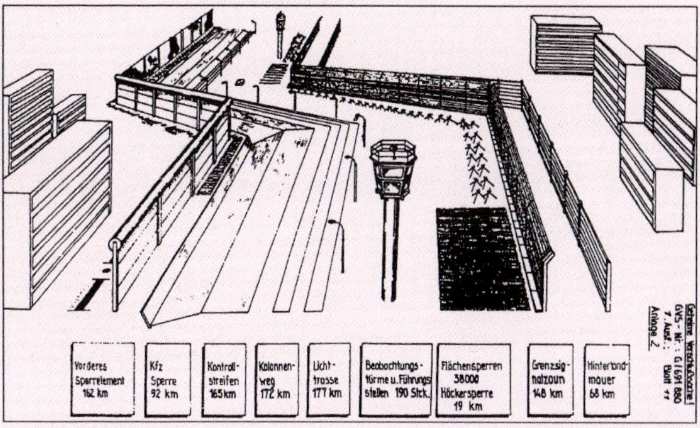

2. Kontrollstreifen – 6 bis 15 Meter breiter Sandstreifen zur Spurenfeststellung
3. Kfz-Graben – 3 bis 5 Meter breit bzw. Panzersperren auf den früheren Durchgangsstraßen
4. Beleuchtungsanlagen – ca. 5 Meter hohe Lichtmasten
5. Grenzpostenlinie – farbige Markierungen an den Lichtmasten oder an Pfählen, die von den Grenzposten nicht in Richtung West-Berlin überschritten werden durften
6. Kolonnenweg – ca. 3 Meter breiter Weg für den motorisierten Streifendienst
7. Kontakt-, Signalzaun – 2 Meter hoher Zaun mit durch Schwachstrom gespeisten Drähten, die beim Berühren optische oder akustische Signale gaben
8. Hinterlandzaun – 2 Meter hoher Maschendrahtzaun
9. Grenzsicherungs- und pioniertechnische Anlagen – Beobachtungstürme, Bunker, Hundelaufanlagen und mit Stolperdrähten verbundene Signalgeräte zwischen Kolonnenweg und Kontaktzaun

DER NORDOSTEN
Prenzlauer Berg – Pankow – Weißensee

wir sind die Stärkeren

Husemannstraße

(Prenzlauer Berg)

Seit Ende der 1970er Jahre richtete sich der Blick der Ost-Berliner Städteplaner auch wieder auf die Altbauviertel. Denn trotz der rasant wachsenden Großsiedlungen am Stadtrand blieb die Wohnungsnot drückend. Auch erkannte man allmählich den Charme der dichtbebauten kaiserzeitlichen Viertel mit ihrer Mischung aus Wohnungen, Werkstätten, Handwerksbetrieben und Läden. Zwei Vorzeigeprojekte für die Wiederbelebung historischer Viertel waren die Sophienstraße in Mitte und die Husemannstraße in Prenzlauer Berg. Zwischen Kollwitzplatz und Sredzkistraße wurden 518 Wohnungen modernisiert und „mit heutigem Komfort ausgestattet". Läden und Kneipen wurden „milieugerecht" im Stil der letzten Jahrhundertwende eingerichtet, hinzu kamen das Friseurmuseum und das Museum „Berliner Arbeiterleben um 1900", dessen Ausstellung „in enger Zusammenarbeit mit Wissenschaftlern der Humboldt-Universität" erarbeitet wurde. Die historistischen Stuckfassaden wurden saniert und um „milieuprägende Details" bereichert. So fein wie 1987 hatte diese Arbeiterstraße sicherlich nie ausge-

Verfallendes Prenzlauer Berg, 1980er Jahre

Vorzeigeprojekt Husemannstraße, 1987

sehen – was umso kurioser anmutete, als ringsum die Straßenzüge verfielen. Der Putz bröckelte, und zahlreiche Balkone waren, um sie vor dem Absturz zu bewahren, abgenommen. Auch hatte man in einigen Straßen, wie im Westteil Berlins, in den 1960er Jahren flächendeckend die Stuckfassaden abgeschlagen.

Ernst-Thälmann-Denkmal

Greifswalder Straße (Prenzlauer Berg)

Das Wohn- und Erholungsgebiet Ernst-Thälmann-Park entstand ab 1981 am Ort eines abgerissenen Gaswerks aus dem 19. Jahrhundert – als „ein künstlerisch beispielhaftes Ensemble und ein Symbol menschenwürdigen Lebens, wie es der sozialistischen Gesellschaft entspricht": 4000 Bewohner erhielten ein modernes Heim inmitten einer künstlich angelegten sanften Hügellandschaft, außerdem entstanden „einfallsreich gestaltete Spielplätze", die „Wabe" als „Café und Treff für gesellige Veranstaltungen" und im ehemaligen Gaszählerhaus ein Traditionskabinett, das „anschaulich über den antifaschistischen Widerstandskampf in Prenzlauer Berg sowie über Leben und Wirken Ernst Thälmanns informiert – eine Stätte des Gedenkens und der historischen Bildung".

Thälmann, der von den Nationalsozialisten im KZ Buchenwald ermordete Vorsitzende der KPD, gehörte zu jenen Heroen, um die in der DDR ein besonderer Personenkult betrieben wurde. So durften Volkseigene Betriebe, Kombinate, Schulen und Organisationen den „Ehrennamen" Thälmann tragen, den sie aber auch als „Verpflichtung" zu verstehen hatten.

Das 1986 eingeweihte Thälmann-Denkmal, ein Werk des sowjetischen Bildhauers Lew Kerbel, steht heute unter Denkmalschutz.

Monumentales Thälmann-Denkmal an der Greifswalder Straße, 1980er Jahre

Gethsemanekirche

Stargarder Straße 77 (Prenzlauer Berg), www.ekpn.de

Die Gethsemanekirche, die bereits seit einigen Jahren Oppositionellen Schutz und Kontaktmöglichkeiten geboten hatte – in Zeiten ohne Telefon und E-Mail nicht zu unterschätzen –, geriet kurz vor dem Mauerfall in den Fokus der Aufmerksamkeit. Im Oktober 1989 gab es hier Mahnwachen für die Demonstranten, die in Leipzig inhaftiert worden waren, es gab öffentliche Diskussionen und Friedensgebete, vor der Kirche brannte ein Meer von Kerzen. Am 7. Oktober, am 40. Geburtstag der DDR, ging die Volkspolizei gewaltsam gegen Tausende vor allem junger Demonstranten auf der Schönhauser Allee vor, von denen sich einige in die Kirche flüchteten. Am nächsten Tag waren es über 1000 Menschen, die nach dem Kirchenbesuch rabiat auseinandergetrieben wurden. Doch am

Bürgerprotest in der Gethsemanekirche, 1989

Widerstand und Kirche

Der vielleicht erfolgreichste Widerstand gegen die Verhältnisse in der DDR wurde aus Kreisen der evangelischen Kirche geleistet. 1964 zum Beispiel, zwei Jahre nach Einführung der Wehrpflicht in der DDR, setzte sie durch, dass junge Leute „aus religiösen Anschauungen oder ähnlichen Gründen" Dienst ohne Waffe in Baueinheiten der Volksarmee tun durften. Seit den späten 1970ern bot die Kirche vor allem jungen kritischen Köpfen Schutzräume, in denen sich die Friedensbewegung und die Umweltbewegung in der DDR entwickeln konnten. Zahlreiche prominente Bürgerrechtler des Umbruchs 1989/90 waren zuvor in kirchlichen Gruppen aktiv gewesen oder sogar Pfarrer.

Als Form des Protests wurden etwa die „Bluesmessen" verstanden, die 1979–86 in der Samariterkirche in Friedrichshain vom Musiker Günter Holly Holwas und dem Jugendpfarrer Rainer Eppelmann organisiert wurden. Manche Messe musste dreimal wiederholt werden und zog Tausende junger Leute an. Ein weiteres Zentrum des Widerstands bildete die Umwelt-Bibliothek der Zionskirchengemeinde.

9. Oktober wendete sich das Blatt: 70 000 Menschen erzwangen in Leipzig eine friedliche Montagsdemonstration. Seit diesem Tag hielt sich die Polizei zurück, einen Monat später fiel die Mauer. Die besondere Rolle der Gethsemanekirche in jenen Wochen würdigten die Abgeordneten der ersten frei gewählten Volkskammer, indem sie nach ihrer Wahl im März 1990 hier zu einem Gottesdienst zusammenkamen.

Die Treffpunkte der sogenannten Prenzlauer-Berg-Szene, oppositionell gesinnter Künstler- und Lebenskünstlerkreise der 1970er und 1980er Jahre, gibt es allesamt nicht mehr. Die Cafés und Kneipen wie das „Wiener Café", das „Mosaik" und das „Café Nord" lagen an der Schönhauser Allee oder östlich davon. Nur das aus den 1930er Jahren stammende „Keglerheim" in der Lychener Straße 11 besteht unter dem Namen „August Fengler" weiterhin.

Grenzübergangsstelle Bornholmer Straße

Bornholmer Straße/Norweger Straße (Prenzlauer Berg)

Nachdem der Berliner SED-Chef Günter Schabowski auf seiner Pressekonferenz am 9. November 1989 vor laufenden Fernsehkameras verkündet hatte, die Ausreise aus der DDR sei nun auch ohne den Umweg über die Tschechoslowakei und Ungarn möglich, machten sich Tausende DDR-Bürger auf den Weg zu den Grenzübergängen. Ab etwa 21:30 Uhr ließen die Grenzer an der Bornholmer Straße einzelne DDR-Bürger gegen einen Stempel im Ausweis nach West-Berlin, hielten die große Menge aber zurück.

Die Spätnachrichten der „Aktuellen Kamera" um 22:30 Uhr versuchten

Bösebrücke nach Abriegelung der Bornholmer Straße, 1961

Grenzverkehr auf der Bösebrücke nach Maueröffnung, 1989

die Lawine noch aufzuhalten, indem sie darauf hinwiesen, dass „Privatreisen ohne Vorliegen von Voraussetzungen wie Reiseanlässe und Verwandtschaftsverhältnisse beantragt werden" könnten – aber eben genehmigt werden müssten. Die ARD-„Tagesthemen" erweckten jedoch kurz darauf den Eindruck, die Grenze sei offen, und daraufhin setzte der Massenansturm ein. Gegen 23:30 Uhr kapitulierte die „Passkontrolleinheit" an der Bornholmer Straße vor dem Andrang der Bürger – und vor der Ratlosigkeit ihrer Vorgesetzten – und öffnete die Tore. Wenig später folgten die anderen Übergangsstellen. Nach 28 Jahren war die Berliner Mauer endlich offen.

Infotafeln auf der östlichen Seite erinnern an das Geschehen 1989.

Botschaften in Pankow

Esplanade und Stavanger Straße (Pankow)

Bis zum Grundlagenvertrag mit der Bundesrepublik Ende 1972 blieb die Zahl der Staaten, mit denen die DDR diplomatische Beziehungen unterhielt, überschaubar. Anfangs waren deren Botschaften in Altbauten vor allem in Karlshorst untergebracht. Mitte der 1960er Jahre aber begann man mit dem Bau neuer Botschaften in Pankow und am Nordrand von Prenzlauer Berg. Außer den vier Weltkriegsalliierten waren alle Staaten als Grundbesitzer enteignet worden, auch konnten sie kein Bodeneigentum in der DDR erwerben. Stattdessen stellte ihnen das Außenministerium, ab 1970 durch das Dienstleistungsamt für Ausländische Vertretungen (DAV), Häuser oder Räume unbefristet zur Verfügung; die „sozialistischen Bruderländer" waren sogar von Mietzahlungen befreit. Für die Botschaften, Konsulate und Residenzen wurden Typenhäuser entwickelt, da beim Bau des jeweiligen Hauses noch nicht feststand, welchem Staat das Gebäude zugewiesen werden würde. Bis Mitte der 1980er Jahre entstanden rund 130 Neubauten auf freien Grundstücken in ganz Pankow. Der größte zusammenhängende „Komplex" befindet sich bis heute an der Esplanade und der Stavanger Straße.

Botschaft der Republik Moldau

Majakowskiring
(Niederschönhausen)

Der Majakowskiring, damals noch Kronprinzen- und Viktoriastraße, war bei Kriegsende 1945 ein idyllisches Fleckchen Berlin: ruhig, doch verkehrsgünstig gelegen und gesäumt von heil gebliebenen Landhäusern. Gleich nach der Einnahme Berlins beschlagnahmte die sowjetische Militäradministration einige Häuser; im August 1945 wies sie dem aus Moskau zurückgekehrten Walter Ulbricht das Haus Majakowskiring 28 an, weitere Funktionäre folgten in der Nachbarschaft. Bis 1960 wohnte die Staats- und Parteiführung der DDR in dem für Normalbürger nicht zugänglichen „Städtchen" in Pankow, das im Westen zum Synonym für die DDR-Führung wurde. Gern sprach man etwa von den „Pankower Machthabern". Wilhelm

Villa am einst abgeriegelten Majakowskiring

„Auferstanden aus Ruinen“: Die Nationalhymne der DDR

Musikhistorisch Bedeutsames ereignete sich am Vormittag des 5. November 1949 im Hause Wilhelm Piecks. Im Auftrag des Politbüros hatte Johannes R. Becher im Oktober drei Strophen für eine DDR-Hymne getextet und sie zwei Komponisten zum Vertonen gegeben: Ottmar Gerster und Hanns Eisler. Am 4. November stellten beide Komponisten ihre Fassungen im Club der Kulturschaffenden in der Jägerstraße vor, doch die Entscheidung für Eisler fiel erst am folgenden Morgen auf einer außerordentlichen Politbürositzung bei Wilhelm Pieck. Zwei Tage später, genau einen Monat nach Gründung der DDR, wurde die neue Hymne beim Staatsakt anlässlich des 32. Jahrestags der Oktoberrevolution in der Berliner Staatsoper, dem heutigen Admiralspalast, vorgestellt. Die Westdeutschen mussten drei Jahre länger warten, bis auch ihr Staat 1952 seine Nationalhymne erhielt.

Seit Anfang der 1970er Jahre wurde die DDR-Hymne nicht mehr gesungen – der Text passte nicht mehr zu einem Staat, der die Wiedervereinigung als Ziel gestrichen hatte: „Auferstanden aus Ruinen / Und der Zukunft zugewandt, / Lass uns dir zum Guten dienen, / Deutschland, einig Vaterland.“

Pieck wohnte im Haus 29, Otto Grotewohl im Haus 46/48 und der junge Erich Honecker zeitweilig im Haus 58. Johannes R. Becher erhielt das Haus 34 zugewiesen, sein Schriftstellerkollege Arnold Zweig wohnte in der Homeyerstraße 13, Erich Mielke in der Stillen Straße 10. Wer in Ungnade fiel, musste mit seiner Familie die Siedlung verlassen – so Außenminister Anton Ackermann und Stasi-Minister Wilhelm Zaisser 1953.

1960 zogen die Politiker in die neuerrichtete Waldsiedlung bei Wandlitz um, wo sie besser zu schützen waren. Ulbricht und Grotewohl behielten jedoch ihre Häuser am Majakowskiring, der deshalb bis zu Ulbrichts Tod 1973 Sperrzone blieb. Die meisten Häuser sind erhalten, nur Ulbrichts Haus wurde unter Honecker abgerissen und durch ein neues Gästehaus für das ZK ersetzt. Inzwischen ist das historische Bild durch Um- und Neubauten verlorengegangen.

Schloss Schönhausen: Einst Sitz des Staatspräsidenten der DDR, heute Museum

Ulbricht in seinem Arbeitszimmer im Schloss Niederschönhausen, um 1962

Schloss Niederschönhausen

Schloss Schönhausen, Tschaikowskistraße 1 (Niederschönhausen), www.spsg.de

1945 requirierten die Sowjets das barocke Schloss Schönhausen, einst Sommersitz der Ehefrau Friedrichs des Großen, Elisabeth Christine, als Kasino. 1949 wurde es zum Sitz des Präsidenten der DDR bestimmt. Nach Wilhelm Piecks Tod 1960 tagte hier vier Jahre lang sein kollektiver Nachfolger, der Staatsrat, ehe das Schloss, umbenannt in Niederschönhausen, zum Gästehaus des Ministerrats der DDR umgestaltet wurde. Hier nächtigten u.a. Castro, Gaddafi, Ceausescu und Gorbatschow, letzter Gast des Damenzimmers war 1990 Königin Beatrix der Niederlande.

Bad mit DDR-Dekor vor Rokoko-Schlafzimmer

2005 fiel das Schloss an die Staatliche Schlösserverwaltung, die die komplett erhaltene DDR-Ausstattung entsorgte und stattdessen die verschiedenen historischen Schichten sichtbar zu machen versuchte. Erhalten blieben immerhin das Kaminzimmer in einem Neorokoko der 1970er Jahre und zwei Räume des Appartements für Staatsgäste. Originalgetreu rekonstruiert wurde das Arbeitszimmer Wilhelm Piecks in gediegenem 1950er-Jahre-Stil. Außerdem kann man den prächtigen Großen Festsaal bewundern, in dem Pieck und Honecker Staatsbankette veranstalteten und in dem 1960–64 der Staatsrat tagte.

In der Präsidialkanzlei vor dem Schloss tagte zwischen Dezember 1989 und März 1990 der „Zentrale Runde Tisch", an dem Vertreter der SED/PDS und der neugegründeten Oppositionsgruppen über einen Übergang in die Demokratie verhandelten. Und hier fand am 22. Juni 1990 das zweite der vier sogenannten „Zwei-plus-Vier-Gespräche" zwischen den Außenministern der beiden deutschen Staaten und den vier Siegermächten des Zweiten Weltkriegs statt, die die Wiedervereinigung Deutschlands vorbereiteten.

Sowjetisches Ehrenmal Schönholz

Germanenstraße (Wilhelmsruh)

Das Treptower Ehrenmal ist berühmt, das kleinere Pendant in Schönholz kennen selbst viele Berliner nicht. Inmitten der alten Schönholzer Heide, die einst durch das Bolle-Lied bekannt wurde, entstand 1947–49 ein Ehrenfriedhof, auf dem 13 000 Soldaten der Roten Armee ihre letzte Ruhestätte fanden.

Das weithin unbekannte Ehrenmal in der Schönholzer Heide

Zwei FDJ-ler unter Besuchern des Bruce-Springsteen-Konzerts in Weißensee, 1988

Radrennbahn Weißensee

Am Standort der Sportanlage Rennbahnstraße, Rennbahnstraße (Weißensee)

Der Eingangsbereich mit dem sozialistischen Radsportler-Relief ist noch weitgehend unverändert, von der 1955 errichteten Rennbahn Weißensee ist nichts mehr erhalten. Für ostdeutsche Rock-Fans ist dies jedoch ein historischer Ort. Hier fand am 19. Juli 1988 das größte Rock-Konzert der DDR-Geschichte statt. Schätzungsweise 200 000 Fans bejubelten Bruce Springsteen & The E-Street Band. „The Boss" begrüßte die Zuschauer auf Deutsch, die Worte hatte ihm angeblich sein Fahrer aufgeschrieben: „Es ist schön, in Ost-Berlin zu sein. Ich bin nicht für oder gegen eine Regierung, ich bin gekommen, um Rock'n'Roll für euch zu spielen, in der Hoffnung, dass eines Tages alle Barrieren abgerissen werden." Die DDR-Führung hatte gelernt aus den Vorgängen zu Pfingsten 1987: Damals hatte man beim dreitägigen Open-Air-Konzert auf der Westseite vor dem Reichstag, bei dem u.a. David Bowie, Genesis und die Eurythmics auftraten, einige Lautsprecher nach Osten gedreht, wo die Volkspolizei jedoch massiv gegen die zahlreichen Zuhörer vorging.

Relief am Eingang zur einstigen Radrennbahn

DER OSTEN

Friedrichshain – Lichtenberg – Hellersdorf

Westliche Karl-Marx-Allee

(Mitte/Friedrichshain)

Schon 1953 entstand in Johannisthal das erste Wohnhaus in Plattenbauweise, seit 1957 war das „industrielle Bauen" die vorherrschende Bauweise im DDR-Wohnungsbau. „Schneller, besser und billiger", lautete das von der Sowjetunion übernommene neue Motto. Um einen Gesichtsverlust gegenüber dem Westen zu vermeiden, wurde allerdings das Prestigeprojekt Stalinallee (seit 1961 Karl-Marx-Allee) bis 1960 im herkömmlichen Stil weitergeführt. Der ab 1959 entstandene Bauabschnitt zwischen Alexanderplatz und Strausberger Platz zeigte dann aber ein völlig anderes Bild. Mit den bis zu zehngeschossigen Zeilenwohnbauten inmitten großer Grünflächen reihte sich die DDR wieder ein in die Entwicklung der internationalen Moderne. Charakteristisch für das Viertel sind die keramikverkleideten Fassaden und die Konzentration der Geschäfte und Gaststätten in Pavillonbauten an der Straße: Hier gab es das Blumenhaus „Interflor" und den Modesalon „Madeleine", den Kosmetiksalon „Babette" und das Schuhhaus „Zentrum", die „Mokka-, Milch- und Eisbar" neben dem Kino und „Kunst im Heim". In der Mitte die-

Noch heute betriebenes Kino „International"

Ehem. Restaurant Moskau, heute eine beliebte Party-Location

Strausberger Platz mit Ringbrunnen von Fritz Kühn

ses „weiträumig gegliederten" Bauabschnitts liegen zwei der besten modernen Bauten Ost-Berlins: das Restaurant „Moskau", das in Spezialitätenrestaurant, Wein-, Tee- und Mokkastube, Nachtbar und Tanzcafé 600 Gäste bewirten konnte, und das Kino „International", in dem zahlreiche DEFA-Filme ihre feierliche Premiere erlebten. Für Ehrengäste wurde die achte Reihe mit mehr Beinfreiheit versehen. Einer der bekanntesten DDR-Filme, „Coming Out" von Heiner Carow, feierte hier am Abend des 9. November 1989 seine Premiere. Ein zweites Kino in gelungener moderner Architektur befindet sich in der Karl-Marx-Straße 131a: das „Kosmos".

Ulbricht-Rede auf der Stalinallee, 1961

Leninplatz

Platz der Vereinten Nationen (Friedrichshain)

„Goodbye Lenin" ist einer der erfolgreichsten deutschen Filme überhaupt, und sein Titel wird auf immer die Erinnerung an den 19 Meter hohen granitenen Lenin wachhalten, der eines Tages im Dezember 1990 per Kran

Leninplatz mit Statue des Begründers der Sowjetunion, 1980er Jahre

von seinem Sockel geholt und ins Depot verfrachtet wurde. Zum 100. Geburtstag des Begründers des Sowjetstaates am 22. April 1970 war das Denkmal auf der Fläche vor der gestaffelten Hochhausgruppe aufgestellt worden. Die 1968–70 errichteten Wohnblöcke rings um die riesenhafte Kreuzung, die man kaum einen Platz nennen will, wurden inzwischen neu verkleidet.

Volkspark Friedrichshain

(Friedrichshain)

Im weitläufigen Volkspark Friedrichshain finden sich einige charakteristische Andenken an die DDR-Zeit, z.B. das Restaurant „Schönbrunn" mit dem benachbarten Kiosk, die „Wasserglocke" oder die „reizvoll gestaltete Spreewald-Gaststätte mit ihrem spitzen, schilfgedeckten Dach" (an der Friedensstraße) – dort feierte alljährlich die Parteizeitung „Neues Deutschland" ihr Pressefest. Gleich nebenan zeigt die „Gedenkstätte für die deutschen Interbrigadisten im Spanischen Bürgerkrieg" von 1968 einen überlebensgroßen Spanienkämpfer äußerst expressiv beim Sprung aus dem Schützengraben. Hier trafen sich regelmäßig die Veteranen, und auch Schulgruppen wurden gern hergeführt.

Eine weitere typische Denkmalanlage sollte die deutsch-polnische Freundschaft aus antifaschistischem Geist heraus bekräftigen: 1972 entstand als Gemeinschaftsarbeit deutscher und polnischer Künstler das „Denkmal für den gemeinsamen Kampf polnischer Soldaten und deutscher Antifaschisten im Zweiten Weltkrieg" im nordöstlichen Ende des Parks (Virchowstraße/Werneuchener Straße). Ein Ort offizieller Gedenkfeiern war auch der 1948 wiederhergestellte „Friedhof der Märzgefallenen".

Restaurant Schönbrunn im Volkspark Friedrichshain

In den Volkspark ragt von Süden her das Krankenhaus Friedrichshain hinein. Auf dessen Baustelle begann der Aufstand vom 17. Juni 1953, am Vortag zogen von hier aus die ersten Bauarbeiter über die Baustelle Stalinallee vor den Regierungssitz in der Leipziger Straße.

Östliche Karl-Marx-Allee
(Friedrichshain)

Ende 1949 begann mit der „Wohnstadt Stalin" der Wiederaufbau der großen Ausfallstraße nach Osten. Südlich der Magistrale zwischen Warschauer und Fredersdorfer Straße entstanden moderne Laubenganghäuser und Wohnzeilen inmitten großer Grünflächen. Doch schon wenig später galt die Moderne als „formalistisch", „kosmopolitisch" und traditionsfeindlich. Auf einer Studienreise nach Moskau und Leningrad hatte eine hochrangige Delegation Ost-Berliner Stadtplaner nämlich ein neues Leitbild entdeckt: einen an „nationalen Traditionen" orientierten Neoklassizismus im Stil der Moskauer Architektur der 1930er Jahre. Ausprobiert wurde diese neue „realistische deutsche Architektur" mit dem

Fassadenschmuck an der Karl-Marx-Allee

Hochhaus an der Weberwiese 1950/51, dessen Fassadenstruktur und Ornamentik an Bauten Karl Friedrich Schinkels, der Lichtgestalt des Berliner Klassizismus, orientiert ist. Nach der erfolgreichen Premiere machte man in diesem Geiste weiter: Bis 1960 entstand die 2,3 Kilometer lange und 90 Meter breite „sozialistische Magistrale" zwischen Strausberger Platz und Proskauer Straße – mit ganz ähnlichen Wohnblöcken, die aber doch individuell gestaltet sind. Ihre Wahrzeichen erhielt die Prachtstraße mit den beiden Turmbauten am Frankfurter Tor. Auffällig ist die Lücke in der einheitlichen Bebauung in Höhe der Karl-Marx-Allee 69: Hier hatte man 1951 in der Rekordzeit von 150 Tagen die Deutsche Sporthalle erbaut – 1972 musste sie wegen Baufälligkeit abgerissen werden. 1961 wurde die Stalinallee in Karl-Marx-Allee umbenannt, und damals verschwand auch das Stalindenkmal gegenüber der Sporthalle.

Karl-Marx-Allee mit Frankfurter Tor, 1982

Wohnbauten an der „sozialistischen Magistrale"

Auch das Hinterland der Stalinallee, später Karl-Marx-Allee, wurde teilweise neu bebaut, allerdings mit deutlich schlichterer Architektur. Interessanterweise versah man auch einige wiederhergestellte Altbauten mit neoklassizistischem Dekor.

Die Häuser sind mittlerweile mustergültig restauriert, von der ursprünglichen Infrastruktur hat sich allerdings kaum etwas erhalten. In der Karl-Marx-Buchhandlung (Karl-Marx-Allee 78) blieb immerhin die originale Ladenarchitektur erhalten. Eine kleine Ausstellung zur Geschichte der Straße findet man im Café „Sibylle" (Karl-Marx-Allee 72).

Verlagsgebäude „Neues Deutschland"

Franz-Mehring-Platz 1 (Friedrichshain)

Das gesamte Gebiet beiderseits der Straße der Berliner Kommune, südlich der Karl-Marx-Allee, wurde zu DDR-Zeiten städtebaulich neu gestaltet, hier finden sich noch zahlreiche Perlen sozialistischer Architektur. Auf halbem Wege zum heutigen Ostbahnhof, der 1987 zum Hauptbahnhof der Hauptstadt der DDR erklärt wurde, findet sich das Verlags- und Redaktionshaus der Tageszeitung „Neues Deutschland". Sie war das offizielle Organ der SED, wurde im Großformat auf gutem Papier gedruckt und versteht sich noch heute als „sozialistische Tageszeitung". Im 1972 eingeweihten Bürohaus und im Buchladen im Erdgeschoss ist der Geist der DDR-Zeit noch deutlich zu spüren.

Verlagshaus des ND

Hotel mit DDR-Interieur

Ostel

Wriezener Karree 5
(Friedrichshain)

Übernachten zwischen originalem DDR-Mobiliar, mit farbenfrohen DDR-Tapeten an den Wänden und DDR-Lampe auf dem Nachttisch – das bietet das „DDR-Design-Hostel" Ostel in einem Plattenbau zwischen Ostbahnhof und Karl-Marx-Allee. Das Haus ist kein Relikt aus alten Zeiten, sondern eine stilecht eingerichtete Neugründung aus dem Jahr 2007, die aber doch eine Zeitreise in die 1970er und 1980er Jahre ermöglicht. Ein Restaurant bietet DDR-typische Spezialitäten.

Eisshow mit Kati Witt in der Seelenbinder-Halle, 1989

Werner-Seelenbinder-Halle

Am Standort des Velodroms, Paul-Heyse-Straße 26 (Prenzlauer Berg)

Die 1950 eingeweihte Werner-Seelenbinder-Halle wurde als Wettkampfstätte für die verschiedensten Sportarten genutzt – vom Eisschnelllauf über die Sechs-Tage-Radrennen bis zum Finale der Handball-Weltmeisterschaft 1974, bei der die Mannschaft der DDR, wie schon vier Jahre zuvor, Rumänien knapp unterlag. Aber auch SED-Parteitage, Kongresse der FDJ, der Nationalen Front oder des FDGB und Konzerte fanden hier statt, so alljährlich beim Festival des politischen Liedes. Herausragende Ereignisse waren die Konzerte von Depeche Mode und Rio Reiser 1988 und der VIII. Parteitag der SED 1971, auf dem Erich Honecker zum Nachfolger Walter Ulbrichts als Erster Sekretär des ZK der SED gewählt wurde. 1993 wurde die Halle abgerissen, heute befindet sich hier das Velodrom.

Ministerium für Staatssicherheit

Forschungs- und Gedenkstätte Normannenstraße, Ruschestraße 103 (Lichtenberg), www.stasimuseum.de

Nach seiner Gründung 1950 bezog das Ministerium für Staatssicherheit das Eckgebäude Normannenstraße/Magdalenenstraße in Lichtenberg. 39 Jahre später erstreckte sich der Ministeriumskomplex über mehr als einen

Erich Mielkes Schreibtisch

großen Straßenblock. Zwei Monate nach dem Mauerfall, am 15. Januar 1990, stürmten über 10 000 Menschen die Stasi-Zentrale, in der noch eifrig Akten vernichtet wurden. Kurz danach wurde das Gelände öffentlich zugänglich gemacht, im Haus 1 informiert seitdem eine Ausstellung umfangreich über Geschichte und Praktiken des MfS. Hier im ersten Stock sind auch die Arbeitsräume Erich Mielkes zu besichtigen, der das Ministerium 1957–89 leitete und der in den 1980er Jahren neben Honecker der wohl mächtigste Mann im Staate war. Erst nach der Wende öffentlich sichtbar wurde der legendenumrankte Leiter der „Hauptabteilung Aufklärung", wie die Auslandsspionage im Stasi-Jargon hieß: Markus „Mischa" Wolf. Er residierte im Hochhaus an der Ecke Frankfurter Allee/Ruschestraße. Dieser Bauteil wurde angeblich deshalb so hoch gebaut, damit aus den gegenüberliegenden Wohnhochhäusern niemand den Hof des Stasi-Areals einsehen konnte.

30 Jahre MfS: Honecker gratuliert Mielke, 1980

Die Stasi

Einen Geheimdienst hat fast jeder Staat, die Bundesrepublik hat sogar drei. Doch kaum einer hat sich einen so unrühmlichen Ruf erworben wie die Staatssicherheit der DDR, kurz „Stasi" genannt, die allerdings weit mehr als ein Nachrichtendienst im westlichen Sinne war.

Das Ministerium für Staatssicherheit (MfS) wurde 1950 als In- und Auslandsgeheimdienst und Ermittlungsbehörde bei politischen Straftaten gegründet, es besaß polizeiliche und staatsanwaltliche Vollmachen, verstand sich als „Schild und Schwert der Partei" und war wahrlich nicht zimperlich in der Wahl der Mittel, wenn es um die Ausspionierung und Ausschaltung Andersdenkender ging.

1989 zählte das MfS 91 000 hauptamtliche Mitarbeiter und schätzungsweise 175 000 geheim operierende inoffizielle Mitarbeiter (IM).

Gedenkstätte der Sozialisten auf dem Zentralfriedhof Friedrichsfelde

Gudrunstraße (Lichtenberg)

In der Nacht vom 15. auf den 16. Januar 1919 wurden im Tiergarten Karl Liebknecht und Rosa Luxemburg ermordet. Der Berliner Magistrat untersagte der frischgegründeten KPD, ihre prominentesten Vorkämpfer auf dem Friedhof der Märzgefallenen im Volkspark Friedrichshain zu bestatten – stattdessen begrub man sie in einer Ecke des „Sozialistenfriedhofs" Friedrichsfelde. Der wurde deshalb so genannt, weil in seinem Zentrum führende SPD-Politiker wie Wilhelm Liebknecht und Paul Singer bestattet waren. Die Nationalsozialisten verwüsteten die Gräber und das 1926 eingeweihte Liebknecht- und Luxemburg-Mahnmal von Ludwig Mies van der Rohe.

1951 wurde am Ort des SPD-Gräberfeldes die neugestaltete „Gedenkstätte der Sozialisten" eingeweiht, in deren Zentrum ein Stein mit der Inschrift „Die Toten mahnen uns" steht. Neben Rosa Luxemburg und Karl Liebknecht fanden hier der im KZ ermordete KPD-Führer Ernst Thälmann, der ebenfalls im KZ ermordete Sozialdemokrat Rudolf Breitscheid, der DDR-Staats- und Parteichef Walter Ulbricht sowie zahlreiche weitere prominente SPD- und SED-Politiker und Gewerkschafter ihre letzte Ruhestätte. Auch Stasi-Chef Erich Mielke, der im Jahr 2000 im gesegneten Alter von 92 Jahren starb, wurde auf dem Zentralfriedhof Friedrichsfelde bestattet – allerdings in einem anonymen Urnengrab.

Ruhestätte berühmter SPD- und SED-Mitglieder

Zentrale Untersuchungshaftanstalt des MfS

Gedenkstätte Berlin-Hohenschönhausen, Genslerstraße 66 (Hohenschönhausen), www.stiftung-hsh.de

Die zentrale Untersuchungshaftanstalt des Ministeriums für Staatssicherheit befand sich inmitten eines Sperrbezirks in Hohenschönhausen, der auf den ersten Blick wie ein vorstädtisches Wohn- und Industriegebiet aus-

Gedenkstätte in ehem. Stasi-Untersuchungshaftanstalt

sieht. Von seiner Existenz wusste der normale DDR-Bürger nichts. Bis 1951 hatten die Sowjets hier ein Speziallager und das zentrale Untersuchungsgefängnis der SBZ/DDR unterhalten. 1995 wurde das Gelände als Gedenkstätte der Öffentlichkeit zugänglich gemacht. Ehemalige Häftlinge führen seitdem die interessierten Besucher durch die Räume, die für Tausende Andersdenkende, Systemkritiker und Ausreisewillige zum Ort des Schreckens wurden. Denn die Stasi versuchte ihre politischen Häftlinge systematisch zu zermürben – mit Isolation, Dunkelhaft und dem Gefühl, recht- und hilflos den Peinigern ausgeliefert zu sein. Man schätzt die Zahl der Personen, die in der DDR aus politischen Gründen zeitweilig inhaftiert waren, auf 250 000.

Zellengang in Hohenschönhausen
Einzelzelle der Haftanstalt

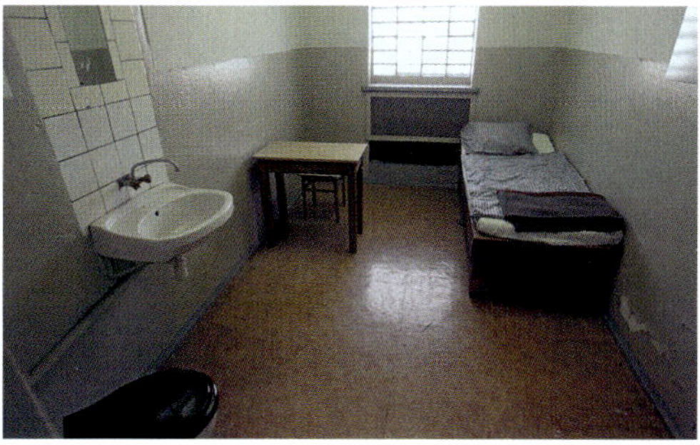

Trabantenstadt Marzahn, 1985

Marzahn und die Museumswohnung Hellersdorf

Museumswohnung: Hellersdorfer Straße 179 (Hellersdorf), www.stadtundland.de/33_museumswohnung.htm

Schlafzimmer in Musterwohnung

Große, hohe Räume mit Stuck an der Decke, zentrale Lage und gute Infrastruktur – es hat seine Gründe, warum so viele Menschen nach Prenzlauer Berg ziehen wollen. In den 1970er und 1980er Jahren dagegen wollten viele Bewohner nur weg: raus aus den Wohnungen mit Außenklo und Ofenheizung, ohne Bad und Dusche. Marzahn, Hohenschönhausen, Hellersdorf hießen die Traumziele vieler Ost-Berliner Familien. Denn hier draußen, auf der grünen Wiese vor den Toren der alten Mietskasernenstadt, wuchsen seit 1977 die Wohnplatten bis zu elf Geschosse in die Höhe. 1971 hatte der VIII. Parteitag der SED beschlossen, „die Wohnungsfrage als soziales Problem" bis 1990 zu lösen. Bauleute aus allen Bezirken der Republik wurden nach Berlin verpflichtet, Projekte vor Ort mussten dafür zurückstehen.

Am 6. Juli 1978 konnte in Marzahn, dem größten Neubaugebiet der DDR, dann feierlich „die einmillionste in der DDR seit 1971 fertiggestellte Wohnung an eine Arbeiterfamilie übergeben" werden. Die Zweimillionengrenze wurde 1984 geknackt, das Jubiläum beging man in einer renovierten Altbauwohnung am Arkonaplatz in Mitte.

Nach 1990 sank die Beliebtheit vor allem Marzahns rapide, während das jüngere und menschlicher dimensionierte Hellersdorf weniger von der Plattenbauflucht betroffen war. Inzwischen hat sich das Bild in allen Berliner Großsiedlungen gewandelt. Die Fassaden sind verkleidet und haben Farbe bekommen, manche Wohnblöcke sind verschwunden oder wurden verkleinert.

Wie man in den späten 1980er Jahren in einem Haus der Wohnungsbauserie (WBS) 70 gewohnt hat, zeigt eine Dreiraumwohnung in der Hellersdorfer Straße 179 nahe dem U-Bahnhof Cottbusser Platz, die originalgetreu rekonstruiert wurde. Sie ist sonntags 14–16 Uhr zu besichtigen (Tel. 0151/16 11 44 40).

Losungen und Parolen

Ganz aus dem Straßenbild Berlins verschwunden sind die einst allgegenwärtigen Losungen und Parolen auf großen Transparenten, die die Bürger der DDR zu unermüdlichem Einsatz für ihr Land, den Frieden, die Produktivität, den Sozialismus und noch viele andere löbliche Ziele antreiben sollten – die von den DDR-Bürgern aber mit der Zeit kaum noch wahrgenommen wurden (Foto: Lustgarten, damals Marx-Engels-Platz). Immer wieder motiviert wurden die Werktätigen der DDR auch durch Demonstrationen, Aufmärsche und kluge Gedanken ihrer Kollegen, die über die Zeitungen verbreitet wurden. Beispielhaft sei an Erika Steinführer erinnert, Wicklerin im VEB Kombinat Narva Berliner Glühlampenwerk in Friedrichshain, die sogar einen Platz in einem Ost-Berlin-Führer der 1970er Jahre fand: „Ihre Aufforderung, den Zusammenhang zwischen der eigenen Arbeit und der Entwicklung des Staates zu erkennen und nach höchster Qualität des Denkens und Verhaltens zu streben, hat außerordentlichen Widerhall nicht nur im eigenen Betrieb gefunden."

DER SÜDOSTEN

Friedrichshain – Treptow – Karlshorst

Blick vom Westen über die Mauer zur Mühlenstraße, 1983

East Side Gallery

Mühlenstraße (Friedrichshain)

Ein nur bedingt historischer Ort, aber doch eine Attraktion ersten Ranges ist das 1,3 Kilometer lange Stück der Hinterlandmauer nördlich der Oberbaumbrücke, das im Januar 1990 von 118 Künstlern aus 21 Ländern bemalt wurde. Im Gegensatz zur nach Westen gerichteten Mauer, die von Graffiti und Malereien übersät war, war dieses nach Osten gerichtete Mauerstück jungfräulich erhalten und noch nicht von „Mauerspechten" dezimiert worden. Mit 106 Bildern gilt die East Side Gallery als größte Open-Air-Galerie der Welt.

Die 1990 entstandene und 2009 sanierte East Side Gallery

Sowjetisches Ehrenmal Treptower Park

Am Treptower Park (Treptow)

Das größte der drei sowjetischen Ehrenmale in Berlin – die anderen beiden liegen an der Straße des 17. Juni und in der Schönholzer Heide – wurde am vierten Jahrestag des Kriegsendes, am 8. Mai 1949, eingeweiht. 5000 sowjetische Soldaten fanden hier ihre letzte Ruhestätte. Im Mittelpunkt der weitläufigen Anlage steht ein Frontsoldat mit einem Kind im Arm, sein Schwert berührt ein zerschmettertes Hakenkreuz. Nach Aussage des Bildhauers Jewgeni Viktorowitsch Wutschetitsch sollte der Soldat siegreich, aber nicht triumphierend wirken. Die Besucher sollten der Gefallenen gedenken, dann aber ihre Gedanken in die Zukunft richten. Der Treptower Park war schon in den letzten Jahren des Kaiserreichs ein Ort großer Arbeiterversammlungen gewesen, weshalb Wilhelm Pieck, so die offizielle Version, den sowjetischen Genossen diesen Standort vorgeschlagen hatte.

Ehrenmal für Gefallene der Roten Armee
Gedenkfeier mit Betriebskampftruppen, 1984

Hinter dem Ehrenmal, ganz in der Nähe der Archenhold-Sternwarte, ehrt der „Hain der Kosmonauten" Juri Gagarin, den ersten Menschen, der ins All flog, Sigmund Jähn, den ersten Deutschen im All, und Waleri Bykowski, Jähns Begleiter 1978.

Kulturpark Plänterwald

Spreepark Berlin, Wasserweg (Treptow), www.berliner-spreepark.de

Vom Frühjahr bis in den Herbst bot ein moderner Vergnügungspark der werktätigen Klasse erlebnisreiche Stunden: der Kulturpark Plänterwald. Im Schatten des 45 Meter hohen Riesenrades gab es zahlreiche Attraktionen

Relikte des ehem. Vergnügungsparks in Treptow

wie Autoscooter, Twister und Karussells, doch auch „aktive Tätigkeiten" wie Minigolf, Kegeln und Tischtennis wurden angeboten. Auf der Freilichtbühne fanden Modenschauen und „Gastspiele profilierter Musikformationen aus dem In- und Ausland" statt. Seit 2001 ist der Park geschlossen, die Zukunft ist ungewiss. Das Areal kann jedoch im Rahmen von Führungen besichtigt werden.

Museum der bedingungslosen Kapitulation des faschistischen Deutschland im Großen Vaterländischen Krieg 1941–45

Deutsch-Russisches Museum Berlin-Karlshorst, Zwieseler Straße 4 (Karlshorst), www.museum-karlshorst.de

Auch dies ist ein historischer Ort: Vom einstigen Offizierskasino einer Wehrmachtsschule aus lenkte Generaloberst Bersarin Anfang Mai 1945 die sowjetischen Truppen im Kampf um Berlin, und hier, im inzwischen originalgetreu wiederhergestellten Saal, unterzeichneten in der Nacht vom 8. auf den 9. Mai 1945 die Militärs Keitel, von Friedeburg und Stumpf die bedingungslose Kapitulation des Deutschen Reiches.

Bis 1949 diente das Haus als Sitz der Sowjetischen Militäradministration (SMAD), der nicht nur alle sowjetischen Streitkräfte in Deutschland unterstanden – sie war auch die oberste Verwaltungsbehörde, d.h. de facto die Regierung der SBZ, bis General Tschuikow am 10. Oktober 1949, wiederum in diesem Gebäude, der Regierung der neugegründeten DDR sämtliche Vollmachten übertrug. Die SMAD wurde zur Sowjetischen Kontrollkommission umgewandelt, die die Politik der DDR-Regierung bis 1953 überwachte und beeinflusste. Erst 1955 übertrug die Sowjetunion der DDR die „volle Souveränität".

1967 wurde in Karlshorst das „Museum der bedingungslosen Kapitulation des faschistischen Deutschland im Großen Vaterländischen Krieg 1941–45" eröffnet, die heutige Nachfolgeinstitution ist schlichter betitelt, aber breiter aufgestellt: Sie behandelt die deutsch-sowjetischen Beziehungen 1917–90.

Der Ort der deutschen Kapitulation 1945
Schreibtisch von Anna Seghers

Anna-Seghers-Gedenkstätte

Anna-Seghers-Straße 81 (Adlershof), www.anna-seghers.de

Anna Seghers' Werk war in der DDR Pflichtlektüre, in der Bundesrepublik waren die Romane der bekennenden Kommunistin, die 1952–78 dem Schriftstellerverband der DDR vorstand, fast ein Geheimtipp. 1947 kehrte Seghers aus dem mexikanischen Exil nach Ost-Berlin zurück, 1955 bezog sie mit ihrem Mann eine Wohnung in einem neuerbauten Mietshaus in Adlershof. Nach ihrem Tod 1983 wurde ihre Wohnung im Originalzustand im Stil der 1950er Jahre belassen und für Besucher geöffnet. Noch immer steht die Schreibmaschine von Remington auf ihrem Bürotisch, an dem sie u.a. die Romane „Die Entscheidung" und „Das Vertrauen" verfasste.

Register der DDR-Stätten und ihrer heutigen Nutzung

Abkürzungen

BRD	Bundesrepublik Deutschland
DAV	Dienstleistungsamt für Ausländische Vertretungen
DDR	Deutsche Demokratische Republik
FDGB	Freier Deutscher Gewerkschaftsbund
FDJ	Freie Deutsche Jugend
IM	Inoffizieller Mitarbeiter
KPD	Kommunistische Partei Deutschlands
KZ	Konzentrationslager
MfS	Ministerium für Staatssicherheit
NDPD	National-Demokratische Partei Deutschlands
NS	Nationalsozialistisch
NVA	Nationale Volksarmee
PDS	Partei des Demokratischen Sozialismus
SBZ	Sowjetische Besatzungszone
SED	Sozialistische Einheitspartei Deutschlands
SMAD	Sowjetische Militäradministration in Deutschland
SPD	Sozialdemokratische Partei Deutschlands
UdSSR	Union der Sozialistischen Sowjetrepubliken
VEB	Volkseigener Betrieb
WBS	Wohnbauserie
ZDF	Zweites Deutsches Fernsehen
ZK	Zentralkomitee

Abbildungsnachweis

Bundesarchiv: S. 12 o. (183-Z0625-037/Mittelstädt, Rainer/CC-BY-SA), 12 u. (183-D0520-0012-003/CC-BY-SA), 14 u. (183-W0423-0008/CC-BY-SA), 15 u. (183-1982-1129-013/CC-BY-SA), 18 u. (183-1984-0909-406/Schindler, Karl-Heinz/CC-BY-SA), 19 o. (183-J0305-0301-001/CC-BY-SA), 20 Mitte (183-1990-0403-308/Franke, Klaus/CC-BY-SA), 23 (183-P0827-0018/Katscherowski (verehel. Stark)/CC-BY-SA), 24 o. (183-24300-0049/Sturm, Horst/CC-BY-SA), 25 o. (183-1984-0426-033/CC-BY-SA), 28 u. (183-E1204-0051-001/CC-BY-SA), 30 o. (183-23200-0085/CC-BY-SA), 31 o. (183-1987-0130-311/CC-BY-SA), 35 u. (183-85458-0001/Heinz Junge/CC-BY-SA), 38 o. (183-16980-0005/Weiß, Günter/CC-BY-SA), 41 Mitte (183-M0502-304/Otto Donath/CC-BY-SA), 47 (183-1989-1109-030/Lehmann, Thomas/CC-BY-SA), 50 o. (183-1986-0610-002/Junge, Peter Heinz/CC-BY-SA), 51 u. (183-1987-0527-010/CC-BY-SA), 55 o. (183-M0617-0013/CC-BY-SA), 62 u. (183-12480-0002/CC-BY-SA), 67 (183-N0625-347/Link/CC-BY-SA), 68 o. (183-1984-0125-019/CC-BY-SA), 80 (183-1989-1118-028/CC-BY-SA), 88 u. (183-85711-0004/CC-BY-SA), 95 u. (Y 10-0097-91/CC-BY-SA); S. 83 o.

Jürgen Grothe: S. 30 u.

Harald Hauswald/Ostkreuz: S. 10, 21 Mitte, 34 o., 34 u., 51 o., 55 u., 70 o., 76 o., 78 o., 78 u., 85 o., 92 o., 94, 99

Landesarchiv Berlin: S. 13 o., 46 u. 70 u., 74 f., 79 (Horst Siegmann); S. 15 o., 16 u., 24 Mitte (Thomas Platow); S. 22 Mitte (Ingeborg Lommatzsch); S. 35 o. (Gert Schütz); S. 39 o. (K. Rathenow); S. 42 (H. von der Becke); S. 49, 54, 62 o. (Gerhard Hoffmann); S. 57 Mitte (Christian Eckardt); S. 57 u. (R. Liening); S. 98 o. (Günter Schneider); S. 21 o.

Günter Schneider: vordere Umschlagseite innen, S. 4, 6 f., 8, 9 o., 9 u., 11 o., 11 u., 14 o., 16 o., 17, 18 o., 19 u., 20 o., 22 o., 22 u., 24 u., 25 u., 26, 27, 28 o., 29, 31 u., 32 o., 32 u., 33, 36 f., 39 u., 40 o., 41 o., 43 u., 45 o., 45 u., 46 o., 48, 50 u., 52, 56 o., 56 u., 57 o., 58 o., 58 u., 59, 60 f., 63, 64 o., 64 u., 65, 66, 68 u., 69 o., 69 Mitte, 71 o., 71 u., 72 o. 72 f., 76 u., 77, 81 o., 81 u., 82, 83 u., 84, 85 u., 86 f., 88 o., 88 u., 89 o., 90, 91 o., 91 u., 92 u., 93 o., 93 u., 95 o., 96, 97 o., 97 Mitte, 97 u., 100 f., 102 o., 102 u. links, 102 u. rechts, 103 o., 103 u., 104 o., 105 o., 105 u.

Frits Wiarda: S. 44 (CC-BY-SA)

Berlin, Hauptstadt der DDR

Stätten im inneren Stadtbereich